TIYU JIAOYU JIAOXUE ZHONG DE
PINGJIA YU FANKUI

体育教育教学中的评价与反馈

李飞鹏 著

东北大学出版社

·沈阳·

图书在版编目（CIP）数据

体育教育教学中的评价与反馈 / 李飞鹏著 . -- 沈阳：

东北大学出版社，2024. 7. -- ISBN 978-7-5517-3610-7

Ⅰ. G807.01

中国国家版本馆 CIP 数据核字第 202496CU54 号

出 版 者：东北大学出版社
　　　　　地址：沈阳市和平区文化路三号巷11号
　　　　　邮编：110819
　　　　　电话：024-83683655（总编室）
　　　　　　　　024-83687331（营销部）
　　　　　网址：http://press.neu.edu.cn
印 刷 者：辽宁一诺广告印务有限公司
发 行 者：东北大学出版社
幅面尺寸：170 mm × 240 mm
印　　张：9
字　　数：147 千字
出版时间：2024 年 7 月第 1 版
印刷时间：2024 年 7 月第 1 次印刷
策划编辑：邴　璐
责任编辑：邱　静
责任校对：高艳君
封面设计：潘正一
责任出版：初　茗

ISBN 978-7-5517-3610-7　　　　　　　　定　价：45.00 元

● 前　言 ●

体育教育，作为全面教育体系中的重要一环，不仅关乎学生身体健康，更在塑造学生的人格、品质和锻炼社会适应能力等方面发挥着不可替代的作用。在体育教育进行的过程中，评价与反馈是至关重要的教育手段，它们如同教学过程中的指南针和调节器，既指引着学生前进的方向，又不断地调整和优化教学的方式和策略。《体育教育教学中的评价与反馈》正是围绕评价与反馈，深入探讨其在体育教育中的重要性、基本原则、实施方法及改进与创新等。

随着教育改革的不断深入，体育教学作为培养学生全面发展的重要组成部分，越来越受到人们的关注。体育教育不仅关注学生的身体素质提升，更重视培养学生的体育兴趣、运动技能、合作精神和健康生活方式。在这个过程中，评价与反馈的作用不可忽视。通过对学生的学习过程、表现、技能掌握等情况进行评价，教师可以及时掌握学生的学习动态，发现问题，调整教学策略，实现因材施教。同时，有效的反馈可以帮助学生明确自己的优缺点，激发学习动力，提高学习效果。

体育教育中的评价与反馈，不仅是对学生运动技能掌握情况的简单评价，更是一种全面的、多维度的教育手段。它涉及对学生体能、技能、情感、态度、价值观等多个方面的综合评价，是对学生个体发展的全面反映。因此，在体育教育教学中，有效的评价与反馈对于激发学生的学习兴趣、提高教学效果、促进学生的全面发展具有举足轻重的意义。通过深入理解和有效运用评价与反馈，可以极大地促进学生的全面发展，培养他们成为终身学习者和积极的社会成员。

在写作过程中，著者参阅了大量的相关论文等资料，在此对相关文献的作者表示感谢。

　　本书共六章，具体内容包括：评价与反馈在体育教育中的重要性、评价与反馈的原则与方法、评价内容与标准、运动训练中的评价与反馈、体育教学中评价与反馈的改进与创新，以及体育教育和运动训练中评价与反馈的比较研究，合计14万余字，由山西能源学院李飞鹏执笔撰写。由于撰写时间仓促，加之著者水平有限，本书中难免存在纰漏之处，恳请读者提出宝贵意见。

著　者

2024年3月

目　录

第一章
评价与反馈在体育教育中的重要性

第一节 评价与反馈的定义与作用

评价与反馈是两个紧密相关的概念，它们在个人成长、组织发展，以及产品和服务的改进中扮演着至关重要的角色。

一、评价与反馈的定义

评价是对个人、团队、产品或服务的一系列性能、质量、价值等方面进行的系统性分析和判断。它既可以是定量的，基于数据和统计分析得出的结论，也可以是定性的，依赖于个人经验或专家的主观意见。评价的目的是提供一种客观的视角，帮助被评价者了解其表现，并识别改进的空间。

反馈是评价过程中的一个重要组成部分，它是评价者向被评价者提供的信息。这些信息不仅包括评价的结果，还可能包含评价者的观点、建议或期望。为了使反馈有效，它应该是及时的（这样被评价者可以迅速采取行动）、具体的（以便于被评价者明确知道需要改进的地方）、建设性的（以激励被评价者进行积极的改变），并且能够促进被评价者成长和改进。

有效的评价与反馈对于个人和团队的发展至关重要。它们不仅有助于提高个人和团队的工作、学习效率，还能增强自我认知，从而持续地促进其自我提升。评价与反馈应该是一个双向的、持续的过程，涉及开放的沟通和相互尊重。评价者需要具备批判性思维和同理心，以确保评价与反馈不仅准确而且公正。

在实践中，评价与反馈可以采取多种形式，包括但不限于书面报告、口头交流、自我评估和同行评审。无论采取何种形式，评价与反馈都应该遵循一些基本原则，如保密性、诚实性和透明性。

二、评价与反馈的作用

（一）促进个人成长

评价与反馈对于促进个人成长具有不可替代的作用。它们是个人发展过程中的两个关键因素，能够促进个人对自身能力和行为的深入理解。当个人接受评价时，他能够从外界获得关于自身表现的客观信息，这些信息可能包括成功之处、不足之处，以及潜在的改进空间。

通过评价与反馈，个人可以识别自己的优势，这些优势可以成为他未来职业发展的基石。同时，评价能够揭示出个人在某些领域的不足，这为他提供了改进的方向。个人可以根据这些反馈，设定具体的发展目标，如提升某项技能或改善某种行为模式。

评价与反馈的另一个重要作用是促进学习。当个人了解到自己的行为或成果如何被外界感知时，他可以学习如何调整自己的行为以获得更好的结果。这种学习过程不仅局限于技能的提升，还包括对自我认知的深化，以及对如何与他人有效沟通的理解。

评价与反馈还能激发个人的积极性。当个人知道自己的努力被认可和赞赏时，他更有可能保持动力，继续追求卓越。相反，如果个人长时间得不到反馈，那么他可能会感到迷茫，不清楚自己的努力是否得到了回报，这可能会影响他的积极性和工作表现。

为了使评价与反馈发挥最大效用，它们必须是及时、具体和建设性的。及时意味着反馈应该在相关行为或事件发生后尽快给出，这样个人才能将反馈与具体情境联系起来。具体意味着反馈应该针对具体的行为或成果，而不是泛泛而谈。建设性意味着反馈旨在帮助个人成长，而不是批评或指责。

（二）提高团队效能

在团队合作中，评价与反馈是提升团队效能的重要工具。它们不仅能够促进成员之间的沟通，而且能够帮助团队识别和解决潜在的问题，从而提高团队的整体表现。

评价与反馈可以帮助团队识别和解决存在的问题。通过定期的评价，团队可以发现哪些工作流程需要优化，哪些资源分配不够合理，哪些成员可能需要额外的支持或培训。这些信息对于团队领导者来说至关重要，因为它们可以帮助其做出更明智的决策，优化团队运作。

评价与反馈还可以帮助团队更好地理解共同的目标和期望。当团队成员对团队的目标有清晰的认识时，他们可以更有针对性地开展工作，减少偏离目标的行为。明确的期望还可以减少团队成员之间的冲突，因为每个人都知道自己的角色和责任。

及时的反馈可以帮助团队成员迅速调整自己的行为，避免问题恶化。具体的反馈可以帮助团队成员明确自己需要改进的地方，不会让他们感到困惑或沮丧。建设性的反馈可以激发团队成员的积极性，鼓励他们不断进步。

（三）决策支持

评价与反馈在决策过程中为决策者提供了关键的信息支持，帮助他们理解不同选择可能带来的结果，从而使他们做出更加明智的决策。

评价为决策提供了基础。在做出任何决策之前，决策者需要对当前情况有一个全面和准确的了解。评价可以提供这种了解，它可以帮助决策者识别问题、评估风险、确定机会。通过评价，决策者可以收集各种有用信息，如市场状况、竞争对手的行为、内部资源的可用性等。这些信息对于决策者做出有效的决策至关重要。

反馈可以帮助决策者理解决策的影响。一旦决策被执行，反馈可以提供关于决策效果的直接信息。这些信息可以帮助决策者评估决策的有效性，使其了解决策是否实现了预期的目标，是否产生了预期的结果。当决策的结果不如预期时，反馈可以提供调整和改进的方向。

为了使评价与反馈在决策中发挥最大效用，决策者需要建立一个有效的评价与反馈机制。这包括确保评价信息的准确性和全面性，建立一个系统来收集和分析反馈信息，以及建立起快速反应的机制来处理反馈信息。

决策者还需要培养对评价与反馈的开放态度。他们需要听取不同的意见，接受批评和建议，根据反馈信息调整自己的决策。这种开放的态度是有效决策的关键。

（四）增强透明度

评价与反馈的透明度对于建立和维护信任至关重要。在组织内部，透明的评价机制有助于确保所有员工都能够清楚地了解评价标准、过程和结果。这种透明度可以减少员工之间的误解和猜疑，因为它让每个人都明白他们的表现是如何被衡量的，以及他如何能够改进。

当评价过程公开且客观时，它为员工提供了一个公平竞争的环境。员工知道他们的努力和成绩会被看到和认可，这可以激励他们努力投入工作，提高工作满意度和忠诚度。透明的评价机制还可以帮助减少偏袒和不公正现象，因为所有的评价都是基于明确和一致的标准。

在客户关系管理中，透明的反馈机制同样重要。当企业公开地向客户收集反馈，并诚实地传达他们如何使用这些反馈来改进产品和服务时，客户会感到被尊重和重视。这种开放的沟通可以增强客户的信赖感，因为他们知道企业不仅关心他们的意见，而且还采取实际行动来满足他们的需求。

透明的评价与反馈机制还可以促进组织和个人的学习和成长。在组织内部，员工可以通过了解同事的优点和成功经验来学习。在客户关系中，企业可以通过客户的反馈来学习如何更好地服务于他们。这种持续的学习文化可以推动组织和个人不断进步。

为了增强透明度，组织需要建立有效的沟通渠道，确保信息的流通不受阻碍。这包括提供清晰的评价标准、开放的反馈收集系统，定期更新评价进度。同时，组织还需要培养一种文化，鼓励员工和客户提出诚实的反馈，而不必担心负面影响。

透明度还需要伴随责任感。如果评价与反馈是公开的，那么组织和个人都需要对自己的行为和后果负责。这种责任感可以推动产生更好的决策和更高的绩效。

（五）激励和奖励

评价与反馈不仅是衡量工作表现的工具，还是激励员工和团队的重要手段。在组织中，通过公正和透明的评价机制，可以识别那些超出期望、表现卓越的个人或团队。对这些表现优秀的员工和团队进行激励及奖励，可以极大地提升员工的积极性和创造性。

评价可以明确区分员工的表现水平。当评价标准被清晰地定义并一致地应用时，员工可以清楚地知道自己需要实现的目标。这种明确性有助于员工集中精力，提高工作效率，因为他们知道自己的工作是如何被评估的，以及如何能够获得更好的评价。

当表现优秀的员工得到激励和奖励时，他们会继续努力，甚至超越自己。奖励可以是物质的（如奖金、晋升机会或额外的福利），也可以是精神的（如公开表扬、荣誉称号或更多的决策权）。这些奖励不仅是对过去成绩的认可，而且是对未来成功的鼓励。

评价与反馈还可以激发团队的合作精神。当团队作为一个整体被评价时，团队成员会更加注重协作和互助，因为团队的成功直接关系到每名成员的利益。这种团队导向的评价机制可以促进成员之间的沟通和信任，提高团队的整体效能。

为了使评价与反馈成为有效的激励工具，组织需要确保评价过程的公正性和透明性。员工需要相信评价是公平的，奖励是可达成的。如果评价标准不明确或应用不一致，那么员工可能会感到挫败和失去动力。

评价与反馈应该是及时的。如果员工在完成某项任务或项目后很快得到反馈，那么他们可以立即了解自己的表现，并据此调整自己的行为。这种及时性可以增强评价与反馈的激励效果。

第二节 评价与反馈对学生学习和发展的影响

评价与反馈在体育教育中扮演着至关重要的角色，对学生的学习和发展影响深远。通过及时有效的评价与反馈，教师可以帮助学生更好地理解自己的表现，激发学生的学习动力，促进其技能和素质的全面提升。

一、评价与反馈对学生学习的影响

（一）提供清晰的目标和方向

在学生的学习过程中，评价与反馈帮助其明确学习目标和方向。当学生通过评价了解自己在特定领域的表现时，他们可以意识到自己的优势和劣势，进而有针对性地调整学习策略和计划。这种自我认知的过程是个人成长和进步的关键。

反馈的作用在于它能够提供具体的指导，告诉学生如何改进。它不仅仅是对成绩的评定，更重要的是对学生努力和进步的认可。通过正面的反馈，学生可以获得动力，增强自信，从而更有激情地投入到学习中。同时，反馈能够指出学生需要改进的具体方面，帮助他们避免重复犯错误，提高学习效率。

评价与反馈能够激发学生的内在动力。当学生看到自己的努力得到了认可，他们会更加积极地参与到学习中，寻求更多的挑战和机会。这种内在的驱动力是学生持续学习和进步的重要动力。

但评价与反馈的有效性在很大程度上取决于其实施的方式。评价应该是公正、客观的，避免受主观偏见的影响。反馈则需要具体、及时，能够让学生清楚地知道自己在哪些方面做得好，哪些方面需要改进。评价与反馈还应该具有建设性，鼓励学生不断尝试和探索，而不是仅仅停留在对错误的指责上。

在体育教育中，评价与反馈尤其重要。体育活动不仅要求学生掌握一定的技能，而且要求他们具备良好的身体素质和心理素质。通过评价，学生可以了解自己在体育技能和身体素质方面的表现，从而有针对性地进行训练。反馈则可以指导学生如何改进技术动作。

（二）激发学习动力

当学生在体育教育中获得及时且有效的评价时，他们能够清晰地认识到自己的表现，并据此调整学习策略。正面的反馈不仅能够肯定学生的努力，而且能够增强他们的自信心和满足感，从而激励他们更加积极地参与到学习活动中。

在体育教育中，学生通过参与各种体育活动，不仅锻炼了身体，也培养了坚韧不拔的意志。当他们在技能提升、团队合作或比赛中得到正面的评价时，这种成就感可以转化为更强烈的学习动力。学生认识到自己的进步和成功，这会促使他们设定更高的目标，并为之努力。

评价与反馈的方式对于激发学习动力至关重要。评价应当是全面和平衡的，不仅关注学生的体育技能，还要关注他们的努力程度、团队精神和进步空间。反馈则应当是具体和建设性的，指出学生的优点和需要改进的地方，帮助他们明确下一步的学习方向。

负面评价和批评如果处理不当，可能会对学生产生不利影响。学生可能会因此感到沮丧，甚至对学习失去兴趣。因此，教师在提供评价与反馈时，应当采用积极的方式，即使指出不足，也应以鼓励和支持的态度进行，帮助学生从错误中学习，而不是简单地指责。

评价与反馈应当是个性化的。每名学生都有不同的学习风格、能力和兴趣，教师应当根据每名学生的特点，提供适合他们的个性化评价和反馈。这样，每名学生都能在适合自己的方式下获得成长和进步。

在体育教育中，评价与反馈还应当与学生的身体健康和心理发展相结合。通过评价和反馈，学生不仅能够提高体育技能，而且能够学会如何面对挑战、克服困难，培养积极向上的心态。

（三）促进自我认知和自我调节能力发展

在体育教育中，评价与反馈不仅对学生的技能提升至关重要，更是促进学生自我认知和自我调节能力发展的重要工具。通过持续的评价与反馈，学生能够客观地了解自己在体育活动中的表现，包括他们的优势和需要改进的地方。

自我认知是指个体对自己能力、情感、行为模式和价值观的认识。在体育教育的背景下，学生可以通过评价了解自己在体能、技能、团队合作等方面的水平。这种认识帮助他们设定实际的学习目标，更好地规划自己的训练和学习路径。

自我调节能力则涉及个体对自己行为的管理和控制，包括设定目标、监控进展、调整策略和应对挑战。正面的反馈可以增强学生的自我效能感，使他们相信自己能够通过努力实现目标。同时，及时的反馈帮助学生识别哪些策略有效，哪些需要调整，从而提高他们的自我调节能力。

评价与反馈应当具体、及时，并且具有建设性。它们应该帮助学生了解自己在哪些方面做得好，哪些方面需要改进，以及如何进行改进。评价与反馈还应当鼓励学生进行自我反思，思考自己的学习方法是否有效，以及如何根据反馈调整自己的学习行为。

在体育教育中，评价与反馈还可以帮助学生建立坚韧不拔的意志和应对挫折的能力。通过评价，学生可以学会接受失败，将其视为学习和成长的机会。通过反馈，学生可以获得必要的支持和指导，能从挫折中恢复过来，继续前进。

教师在提供评价与反馈时，应当考虑每名学生的个性化需求。个性化的评价与反馈能够更好地满足学生的学习需求，帮助他们建立自我认知和自我调节能力。同时，教师应当鼓励学生之间的相互评价和反馈，这不仅能够提高学生的社交技能，还能够促进他们对同伴的理解和尊重。

二、评价与反馈对学生发展的影响

（一）促进技能和素质的全面提升

在学生全面发展中，评价与反馈不仅能帮助学生在体育技能上取得进步，还能促进学生综合素质的提升。

反馈为学生提供了改进的方向。教师的反馈可以是技术性的，如指出某个动作的不足之处；也可以是策略性的，建议学生如何更好地与队友配合。这些反馈帮助学生明确下一步的学习目标，提高学习效率。

评价与反馈有助于培养学生的团队合作能力。在团队体育活动中，评价与反馈可以让学生了解到自己在团队中的角色和贡献，从而更好地与队友协作。同时，通过评价和反馈，学生可以学会如何给予和接受批评，这是团队合作中不可或缺的能力。

评价与反馈还能够促进学生的心理素质的提高。在体育活动中，学生不可避免地会遇到挫折和失败。通过评价与反馈，学生可以学会如何面对失败，如何从失败中吸取教训，如何保持积极的态度。这些心理素质对于学生的个人成长和未来的职业生涯都是非常重要的。

（二）塑造积极的学习态度和品格

在体育教育中，评价与反馈对于塑造学生积极的学习态度和品格具有深远的影响。正面的评价能够增强学生的自信心，鼓励他们面对挑战时保持积极进取的心态。当学生的努力和进步得到认可时，他们更愿意不断尝试，直到实现目标。

鼓励性的反馈不仅能够激发学生的内在动力，而且能够教会他们如何从失败中调整心态并继续学习。在体育活动中，学生不可避免地会遭遇挫折，而通过评价与反馈，他们可以学会把失败作为成长和学习的机会。

评价与反馈能促进学生对他人的尊重和欣赏。在团队体育项目中，每名成员的贡献都是不可或缺的。通过评价，学生能够认识到团队中每名成员的价值，学会欣赏他人的努力。这种相互尊重和欣赏是建立良好团队合作精神的基础。

教师在提供评价与反馈时，应注重个性化和建设性。个性化的评价能够针对每名学生的特点和需求，帮助他们认识到自己的独特价值。建设性的反馈则能够提供具体的改进建议，帮助学生明确下一步的学习方向。

评价与反馈还应当与学生的情感发展相结合。在体育教育中，学生不仅学习技能，而且学习如何管理自己的情绪，如何与他人建立良好的人际关系。通过评价与反馈，学生可以学会如何在压力下保持冷静，如何在团队中发挥领导作用。

（三）培养自信心和自律能力

在体育教育的背景下，这种作用尤为显著，因为体育活动提供了丰富的实践机会，让学生在实际表现中不断自我挑战和提升。

正面的评价能够显著提升学生的自信心。当学生在体育活动中取得进步，或者展现出良好的团队合作精神时，得到教师和同伴的认可，会让他们感到自己的价值和能力得到了肯定。这种正面的反馈不仅能够增强学生的自我价值感，而且能够激励他们继续努力，追求更高的成就。

同时，负面的反馈，如果以建设性的方式呈现，也能够帮助学生认识到自己的不足，并鼓励他们去克服这些困难。通过指出学生在某些技能或策略上的缺陷，教师可以帮助学生设定具体的改进目标，从而激发他们更加刻苦训练，提高自己的技能。

自律能力的培养同样重要。在体育教育中，学生需要学会自我管理和自我激励，以实现个人的训练目标。评价与反馈可以作为一种工具，帮助学生监控自己的训练进展、调整训练计划，以及在面对挑战时保持专注和毅力。

评价与反馈还能够促进学生的情感发展。在体育活动中，学生经常会遇到失败和挫折。通过评价与反馈，学生可以学会如何以积极的态度面对失败，如何从失败中吸取教训，以及如何重新站起来继续前进。

第三节　体育教育中评价与反馈的独特性

一、个体差异

在体育教育中，个体差异是评价与反馈的重要考量因素。每名学生在体育活动中展现出独特的体能、技能、兴趣和潜力，这使得评价与反馈需要个性化，精准地针对每名学生进行量身定制。

（一）个体差异的多样性

在体育教育中，个体差异的多样性体现在很多方面。在体能方面，不同学生的身体素质、运动能力和耐力水平各不相同。有些学生可能天生体能较强，有些学生则可能需要更多的训练才能达到同等水平。在技能方面，学生在不同运动项目中的技能掌握程度和表现也会有所不同。学生的兴趣爱好、学习方式、心理特点等方面的差异也会影响他们在体育活动中的表现和接受程度。

（二）个性化评价标准的重要性

针对个体差异，教师需要根据学生的体能、技能、兴趣和潜力等方面的特点，量身定制相应的评价标准。这不仅能更准确地评估学生的表现，还能给予他们更具针对性的反馈，帮助他们更好地了解自己的优势和不足，指导其在体育领域的发展方向。个性化的评价标准也能激发学生的学习动力，增强他们的学习兴趣，提高学习效果。

（三）个性化反馈的作用

除了个性化的评价标准，个性化的反馈也是体育教育中不可或缺的一环。教师应该根据学生的表现情况，及时给予个性化的反馈，指出学生的优点和改进空间，提出具体的指导建议。个性化的反馈可以帮助学生更清晰地认识自己，更有针对性地调整训练和学习方法，促进其在体育领域的成长和提高。同时，个性化的反馈能够增强学生的自信心，激发他们积极参与体育活动，不断突破自我，实现个人潜力的最大化。

二、动态性

在体育教育中，动态性是评价与反馈过程中至关重要的一个方面。体育活动的动态性表现在学生的体能水平、技能表现和竞技状态都会随着时间和训练的变化而不断变化。这种动态性要求评价与反馈需要具有及时性和灵活性，以便更好地跟进学生的表现变化，调整评价方式和反馈策略，从而促进学生的进步和成长。

（一）体能水平的动态变化

学生的体能水平是体育活动中至关重要的一环。随着训练的进行，学生的体能水平会发生变化，可能会提升，也可能会下降。评价与反馈需要密切关注学生的体能表现，及时调整训练计划和目标，帮助学生保持良好的体能状态，达到最佳竞技水平。

（二）技能表现的动态调整

除了体能水平，学生的技能表现也会随着时间和训练的不同而动态变化。一些技能可能需要较长时间的训练才能掌握，另一些技能可能会因为缺乏练习而生疏。评价与反馈需要及时发现学生技能表现的变化，给予针对性的指导和训练，帮助学生不断提升技能水平，保持竞技状态。

（三）竞技状态的动态调整

在体育竞赛中，学生的竞技状态也是一个动态的因素。竞技状态的好坏会直接影响学生在比赛中的表现和成绩。评价与反馈需要根据学生的竞技状态及时做出调整，包括调整训练强度和方式，进而激励学生保持良好的竞技状态，提升比赛水平。

（四）及时性和灵活性的重要性

评价与反馈的及时性和灵活性对于体育教育的发展至关重要。及时的评价与反馈可以帮助学生更好地了解自己的表现，调整训练方向和目标，提高学习效果。灵活的反馈策略可以根据学生的表现变化及时调整，更好地满足学生的需求，推动其不断进步和成长。

三、综合性

在体育教育中，评价与反馈的综合性是促进学生全面发展的重要保障。综合性评价不仅涵盖学生的体能和技能表现，还包括学生的表现态度、团队合作能力等多方面因素。综合评价能够更全面地了解学生的整体素质和发展水平，为其提供全面的成长建议和指导，帮助他们在体育领域获得更好的发展。

（一）体能和技能表现的综合评价

在体育教育中，学生的体能和技能表现是评价的重要内容之一。综合评价体能包括耐力、力量、速度等方面，技能表现则包括各项运动项目的技术掌握程度和表现水平。通过综合评价学生的体能和技能表现,可以更全面地了解其在体育活动中的实际水平,为其提供针对性的训练和指导。

(二)表现态度和团队合作能力的综合评价

除了体能和技能,学生的表现态度和团队合作能力也是体育教育中不可或缺的一部分。表现态度包括学生对体育活动的态度、积极性、自律性等方面,团队合作能力则包括学生在集体训练和比赛中的合作精神和团队意识。综合评价学生的表现态度和团队合作能力可以培养他们树立正确的竞技态度和团队合作精神,提高整体表现水平。

(三)综合评价的重要性

综合评价的重要性在于能够全面了解学生各方面的表现,帮助他们全面发展。单一指标的评价容易忽略学生其他方面的表现,不能全面反映学生的真实水平和潜力。通过综合评价,可以更全面地了解学生的整体素质和发展水平,为其提供更具针对性的成长建议和指导,促进其在体育领域的全面发展。

(四)提供全面的成长建议和指导

综合评价为教师提供了更多的信息和数据,可以让教师更准确地了解学生的优势和不足。基于综合评价结果,教师可以为学生提供全面的成长建议和指导,帮助他们在体育活动中不断提升自己,实现个人潜力的最大化。这种个性化的指导将有效地激发学生的学习兴趣和积极性,使其在体育领域获得更好的发展机会。

四、激励性

在体育教育中,通过及时、积极的反馈,学生可以获得成就感和认可感,从而增强学习动力和自信心。同时,针对学生的不足之处给予针对性的建议和指导,能帮助他们克服困难,不断提升自我,实现自身潜力的最大化。

（一）成就感与认可感的激励作用

积极的评价与反馈能够给予学生成就感和认可感，激发他们的学习动力。当学生感受到自己的努力和表现得到肯定时，会产生积极的情绪体验，增强对学习的投入和热情。这种正向的情绪体验可以激励学生更加努力地投入训练和比赛，提升自身水平。

（二）针对性建议与指导的激励作用

除了肯定学生的优点和成绩，针对性的建议和指导也是评价与反馈的重要内容之一。通过指出学生的不足之处，并提供具体的改进建议和训练指导，可以帮助学生认识到自己的不足，找到提升的方向和方法。这种针对性的指导能够激励学生克服困难，不断提升自我，实现自身潜力的最大化。

（三）激励自信心和自尊心的培养

积极的评价与反馈有助于培养学生的自信心和自尊心。当学生得到正面的反馈和肯定时，会增强自信心，相信自己有能力克服困难和取得成功。同时，这种正面的反馈有助于提升学生的自尊心，建立积极的自我形象，更好地适应挑战和压力。

（四）持续激励与个性化关怀

激励需要持续不断地进行，让学生在学习和训练中保持高昂的学习动力和积极性。个性化的关怀和激励可以更好地满足学生的需求，激发他们的学习兴趣，推动其不断进步和成长。教师可以通过了解学生的个性特点和需求，给予针对性的激励和关怀，帮助他们克服困难。

五、发展性

在体育教育中，评价与反馈具有明显的发展性特点，不仅对学生过去的表现进行总结，更能为学生未来的发展提供指导和帮助。通过评价与反馈，学生可以了解自己的不足之处，找到提升的方向和方法，实现自我超越和成长发展。这种发展性的评价与反馈不仅促进学生在体育领域的进步，而且有助于他们在个人成长和综合素质提升方面获得更好的发展。

（一）为未来发展提供指导与帮助

评价与反馈的关键在于为学生未来的发展提供指导和帮助。通过针对性的建议和指导，学生可以了解自己的不足之处，找到提升的方向和方法。教师可以根据评价结果为学生制订个性化的训练计划和目标，帮助他们更好地发展自己的体能和技能，实现自身潜力的最大化。

（二）促进自我超越与成长发展

发展性的评价与反馈有助于促进学生的自我超越与成长发展。通过了解自己的不足之处，学生可以不断挑战自我，努力提高自己的表现水平。持续的评价与反馈可以帮助学生保持进步的动力，不断突破自我，实现个人的成长和进步。

（三）培养学生的终身学习意识与能力

发展性的评价与反馈有助于培养学生的终身学习意识与能力。通过不断总结经验、反思表现，学生可以培养批判性思维和自我管理能力，提升学习效果和成长潜力。这种终身学习意识将伴随学生的整个成长过程，帮助他们在不断变化的环境中保持适应能力和竞争力。

第二章

评价与反馈的原则与方法

第一节　评价与反馈的基本原则

评价与反馈是人际交往中至关重要的沟通方式，它们可以促进个人成长、增强团队合作、提升工作效率。评价与反馈的有效性取决于其是否遵循一些基本原则。

一、诚实与客观性

评价与反馈是任何领域中促进个人和团队成长、提高工作质量的重要工具。在进行评价与反馈时，坚持诚实与客观性是至关重要的。

（一）诚实与客观性的重要性

1. 建立信任

诚实的反馈是建立信任的基石。在评价与反馈的过程中，如果评价者能够坦诚地分享他们的观点，那么被评价者更有可能接受这些反馈，并将其视为成长的机会。这种相互信任的关系不仅有助于个人和团队之间的良好互动，而且能够促进开放、坦诚的沟通氛围的形成。只有建立在诚实的基础之上，评价与反馈才能真正发挥作用，推动个人和团队向更高水平发展。

2. 促进成长

客观性是评价与反馈的核心。通过提供基于事实和观察的反馈，评价者能够帮助被评价者准确认识自己的表现，找出需要改进的具体领域。这种针对性的反馈不仅有助于个人技能的提升，而且能够促进整个团队的效能和创造力。在一个能够接受并应用客观反馈的环境中，个人和团队将更快速地适应变化、提升竞争力，并实现持续的进步与发展。

3. 避免误导

评价的诚实与客观性对于避免误导至关重要。如果评价中存在偏见或不真实的信息，被评价者可能会基于错误的理解采取行动，这将导致不良后果并阻碍个人的成长和团队的发展。因此，在进行评价与反馈时，必须确保信息的准确性和客观性，避免主观偏见对评价结果产生影响，从而确保评价的有效性和实用性。

4. 提高决策质量

客观的评价为决策提供了坚实的基础。在各种重要决策中，无论是晋升、培训还是团队重组，基于客观评价的决策更有可能带来积极的结果。通过客观评价，决策者能够更清晰地了解现状和需要改进的方向，从而做出符合实际情况和利益最大化的决策。这种基于事实和数据的决策过程不仅提高了效率，也增强了组织的整体战略规划能力，推动组织持续发展和壮大。

（二）实现诚实与客观性的策略

1. 基于事实

评价应当基于客观可观察的事实和数据。评价者需要收集和分析具体的证据，如项目报告、同事的反馈、客户评价等。这样的做法可以确保评价的准确性和客观性，避免受主观偏见的影响，使得评价更具有说服力和可信度。

2. 具体化

在进行评价时，提供具体的例子和情境可以增强反馈的清晰度和可操作性。比起泛泛地说"你的工作态度有问题"，更有效的是指出具体问题，如"在上周三的会议上，你打断了同事的发言，这可能影响了团队的沟通"。这种具体化的方式有助于被评价者更好地理解问题所在，也更容易采取改进措施。

3. 避免绝对化

在评价中避免使用绝对化的词语，而使用相对表述，可以确保评价的客观性。例如，用"在大多数情况下，你的工作表现是出色的"代替"你的工作表现总是最好的"。这样的相对表述更为准确，也更容易被接受，有助于建立更开放的对话氛围。

4. 保持平衡

评价不应只聚焦于不足之处，而应认可被评价者的优点和成绩。保持平衡的视角有助于维护被评价者的自尊，同时激励他们继续进步。通过肯定和鼓励，被评价者更有动力改进自身不足之处，并保持积极向上的心态。

5. 使用"我"语言

通过使用"我"语言表达观点，评价者可以减少对被评价者的指责感。例如，"我注意到在最近的项目中，你的贡献非常关键"这样的表述，比起"你的贡献非常关键"更加个人化，也更有助于建立互信关系，促进有效沟通和理解。

6. 选择合适的时机

选择合适的时机进行反馈可以提高反馈的效果。例如，在项目结束时或定期的绩效评估期间，被评价者更有可能接受和反思反馈。确保在被评价者心情好、接受能力强的时候给予反馈，可以增加反馈的积极影响，促进被评价者更好的成长和改进。

二、尊重与理解

尊重与理解是评价与反馈过程中不可或缺的原则，它们对于建立良好的人际关系、促进积极的改变，以及维护一个健康的工作环境至关重要。

（一）尊重与理解的重要性

1. 维护自尊

尊重被评价者意味着认可他们的价值和贡献，这有助于维护个体的自尊心和自信心。自尊是个体心理健康的重要组成部分，影响着个人的自我形象和自我效能感。当个体感受到被尊重时，他们更有动力和勇气面对挑战和批评，保持积极的心态，从而更好地应对工作中的各种困难和挑战。

2. 促进开放性

尊重可以促进开放性和建立良好的沟通氛围。当被评价者感到被尊重时，他们更愿意倾听和接受反馈，因为他们感受到被理解和被支持。这种开放性是改进和成长的基础，因为个体在一个尊重和包容的环境中更愿意分享他们的想法和感受，而不会因为担心被批评或羞辱而封闭自己的内心。

3. 增强信任

尊重是建立和维护信任的关键。当评价者展现出对被评价者的尊重时，信任关系得以建立。这种信任是持续沟通和合作的基石，它鼓励被评价者在未来继续寻求和接受反馈。在一个充满尊重和信任的环境中，个体和团队的工作可能会更高效，进而实现共同的目标。

4. 避免负面影响

缺乏尊重的评价可能会引发被评价者的负面情绪，如屈辱、沮丧或愤怒。这些情绪不仅会阻碍个体的成长和进步，还可能导致工作关系紧张，破坏团队的凝聚力。相反，充满尊重的评价可以激发积极的情绪反应（如感激），从而促进个体和团队的发展。在充满尊重的氛围中，个体更愿意接受反馈并付诸行动，从而实现个人和团队的持续发展与进步。

（二）实现尊重与理解的策略

1. 使用正面语言

采用积极和鼓励性的语言是关键。避免使用任何可能伤害被评价者自尊的侮辱性、挖苦或嘲讽的言辞。正面语言可以激发被评价者积极的情绪，建立开放和建设性的对话，使得反馈更容易被接受和理解。

2. 提供个性化关注

反馈应专注于被评价者的具体行为和成绩，而非对其个性或能力进行评判。强调行为和成果可以减少个人攻击的感觉，增加反馈的接受度。通过针对具体行为和表现进行反馈，可以使评价更具体、更客观，有助于被评价者理解和改进。

3. 倾听与理解

倾听被评价者的观点和感受至关重要。展现同理心，尝试从被评价者的角度理解问题，可以增强他们的参与感，促进双向沟通。倾听和理解被评价者的感受和想法有助于建立信任关系，使得反馈更加有效和有意义。

4. 保护隐私

在提供反馈时，务必保护被评价者的隐私。避免在不适当的场合讨论敏感或个人问题，以免引起尴尬或不适。这种尊重隐私的做法可以建立信任，减轻被评价者的防御心理，使得反馈更容易被接受和理解。

5. 鼓励自我评价

鼓励被评价者进行自我评价是帮助他们提高自我意识的重要方法。通过自我评价，被评价者可以更好地认识到自己的优点和需要改进的地方，促进个人的自我成长和发展，同时为更有针对性的反馈提供了基础。

6. 提供支持

提供必要的支持，帮助被评价者实现改进后的目标。这种支持可以是指导、培训、资源提供或其他形式的帮助，旨在促进被评价者的成长和发展。通过提供支持，评价者可以帮助被评价者克服困难，发掘被评价者自身潜力，从而推动个人和团队的发展与进步。

三、具体性与清晰度

具体性与清晰度是评价与反馈中极为关键的要素，它们直接影响反馈的效果和被评价者采取行动的能力。

（一）具体性与清晰度的重要性

1. 明确问题

具体化的反馈能够帮助被评价者清晰地认识到问题的具体所在，而不是停留在模糊的、不确定的感觉中。这种明确性有助于被评价者理解需要改进的具体方面，避免产生困惑或防御情绪。通过明确指出问题的具体细节和表现，评价者可以帮助被评价者更准确地认识到存在的挑战和改进空间。

2. 指导行动

提供明确的行动指导可以直接指导被评价者如何着手进行改进。例如，告知一名员工其演示技巧需要提升时，具体的反馈可能是"在演示时，尝试减少使用行业术语，以便听众更好地理解"。这样的具体建议和行动指导有助于被评价者明确改进方向，提高工作效率。

3. 减少误解

清晰度是有效沟通的关键。具体而清晰的反馈能够降低误解和混淆的可能性，确保信息被接收者准确理解。通过清晰地表达意见和建议，可以减少沟通成本和潜在的冲突，提高工作效率和团队协作的质量。

4. 提高接受度

人们更愿意接受经过深思熟虑、专业而具体的反馈。这种反馈表明评价者对被评价者工作的重视，以及对帮助他们改进工作的承诺。具体而清晰的反馈不仅增加了反馈的可信度，也增强了被评价者对反馈的接受度和认可度，推动个体和团队的发展与进步。

5. 促进责任感

明确指出期望的行为或结果可以促使被评价者感到对自己的行为负有责任。这种感觉可以激发他们采取行动，因为他们清楚了解自己的行为与期望之间的联系。具体性和清晰度的反馈有助于激发被评价者的责任感，推动个体积极改进和发展。

（二）实现具体性与清晰度的策略

1. 行为化

专注于可观察的工作行为和成果，而非个人特质或性格。通过指出具体的工作行为和成果，如"在团队会议中，你提出的创新想法促进了项目的进展"，而不是泛泛地评价"你很有创造力"，可以使反馈更具体、更有针对性，有助于被评价者更好地理解反馈内容。

2. 情境化

通过具体情境或实例来阐述反馈，帮助被评价者理解在特定情况下的表现。例如，"在上周的客户演示中，你的开场白吸引了听众的注意，但技术细节的解释需要更清晰一些"。这种情境化的反馈有助于被评价者更具体地认识到改进的具体方向，提高了反馈的可操作性和实用性。

3. 目标导向

明确指出所期望的行为或结果，为被评价者提供明确的改进方向。例如，"我们希望你能在下次会议前准备好市场分析报告，并在报告中包含竞争对手的对比分析"。这样的目标导向的反馈有助于被评价者明确知道需要达到的标准和期望，推动个体朝着目标努力改进。

4. 结构化

使用 SBI（Situation-Behavior-Impact）模型等结构化方法来组织反馈，使其条理清晰、逻辑严密。这种结构化的方法有助于评价者将反馈内容组织起来，使被评价者更易于理解和接受。

5. 简洁性

保持反馈的简洁性是关键，避免使用过于冗长和复杂的解释。简洁的反馈更容易被理解和记住，如"你的报告需要更清晰的结构，以便读者快速抓住重点"。简洁明了的反馈能够直接传达信息，让被评价者更容易理解和应用。

6. 语言简单、直接且专业

使用简单、直接且专业的语言，避免使用过多行业术语或复杂表达，确保被评价者能够轻松理解反馈内容。简洁清晰的语言有助于消除歧义，使得反馈更容易被接受和应用，促进个体的成长和进步。

四、双向沟通与开放心态

在评价与反馈过程中，双向沟通与开放心态对于促进理解和合作、提升反馈效果具有重要作用。

（一）双向沟通与开放心态的重要性

1. 促进理解

双向沟通为被评价者提供了表达观点和想法的机会，有助于评价者更深入地理解被评价者的行为和动机。通过开放的沟通，评价者可以了解到问题背后的原因和情境，如个人生活中的挑战可能影响工作表现。这种理解有助于建立更加互信的关系，有利于双方共同寻找解决问题的方案。

2. 增强合作

开放心态的评价者愿意听取并考虑被评价者的反馈，从而营造一种合作而非对抗的氛围。在这种氛围中，双方共同努力寻找问题的解决方案，促进团队内部的协作和合作。开放的沟通有助于建立积极的工作环境，促进团队成员之间的合作与共同进步。

3. 提升反馈效果

被评价者感受到自己的意见被真正听取和尊重时，更可能对反馈持开放态度，并采取行动进行改进。评价者的开放心态和尊重可以增强反馈的效果，激励被评价者积极处理反馈意见，实现个人和团队的进步与发展。

4. 鼓励自我反思

双向沟通鼓励被评价者进行自我评估，识别自身的优点和需要改进之处。这种自我反思是个人成长和职业发展的关键，能够帮助个体认识到自身的潜力和不足，从而有针对性地进行提升和改进。

5. 增强参与感

被评价者感受到自己的意见被纳入决策过程中，会增强他们的参与感和投入度。这种参与感可以激发被评价者更高的工作热情和忠诚度，使个体更有归属感和责任感，从而推动团队的协作和整体绩效的提升。

（二）实现双向沟通与开放心态的策略

1. 鼓励表达

评价者应积极鼓励被评价者分享自己的看法和感受。积极邀请被评价者表达意见，如在会议结束时说："我们很想听听你对我们讨论内容的看法。"这种方式表明评价者重视被评价者的意见，促进双向沟通的开展。

2. 倾听与理解

评价者需要展现真正的倾听意愿，尝试理解被评价者的观点。在被评价者讲话时不打断，不急于提出自己的观点，而是全神贯注地倾听。通过倾听和理解被评价者的观点，评价者能更好地理解被评价者的动机和需求，促进有效的沟通和理解。

3. 保持开放

即使被评价者的反馈可能与评价者的观点相悖，评价者也应保持开放心态。例如，如果一名员工对新的工作流程有异议，评价者可以探究其原因，并考虑其反馈的合理性。保持开放的心态有助于建立信任关系，促进建设性的讨论和寻找解决问题的合理方法。

4. 尊重差异

评价者应尊重被评价者的不同观点和感受。这种尊重可以通过认可被评价者的贡献和认真考虑他们的意见来体现。尊重差异有助于建立积极的工作关系，促进团队成员间的合作和理解，推动团队的发展和共同目标的实现。

评价与反馈不仅是工具，更是艺术，需要不断地实践和改进才能达到最佳效果。通过遵循这些评价与反馈的基本原则，人们可以更好地进行有效的沟通和交流，促进个人和团队的成长与发展。

第二节　不同评价方式的特点与适用场景

评价方式在体育教育中扮演着至关重要的角色，它不仅能够激励学生积极参与体育活动，还能帮助教师了解学生的学习进度和技能掌握情况。以下是5种不同评价方式的特点及其在体育教育中的适用场景。

一、形成性评价

形成性评价是体育教学中一种重要的评价方式，它与传统的总结性评价不同，它更注重学生学习过程中的观察和分析，以及对学生学习过程中的及时反馈和指导。

（一）形成性评价的特点

1. 持续进行的评价

形成性评价不是一次性的，而是贯穿于整个教学过程。教师需要持续观察学生的表现，记录学生的进步和问题，以便及时给予反馈和指导。

2. 注重过程而非结果

形成性评价更关注学生在学习过程中的表现（如学习态度、参与度、努力程度等），而不仅仅关注最终的成绩或结果。这种评价方式有助于学生形成积极的学习态度和习惯。

3. 及时反馈

形成性评价强调及时反馈，教师需要在观察到学生的问题或进步时，立即给予反馈，帮助学生及时调整学习策略，改进学习方法。

4. 强调学生的自我评价和自我反思

形成性评价鼓励学生进行自我评价和自我反思，通过写日志、设定目标等方式，让学生了解自己的学习情况，明确自己的优势和不足，从而更有针对性地进行学习。

5. 促进学生的主动学习和自我发展

形成性评价通过及时反馈和自我评价，激发学生的学习兴趣和动力，促进学生的主动学习和自我发展。学生在不断的自我挑战和自我超越中实现自我成长。

（二）形成性评价的适用场景

1. 技能学习初期

在技能学习初期，学生需要建立正确的动作模式和学习习惯。形成性评价能够帮助教师及时了解学生的学习情况，发现学生可能存在的问题，给予及时的指导和帮助，帮助学生建立正确的动作模式。通过持续的评价和反馈，可以及时纠正学生存在的错误，确保他们在学习过程中形成正确的技能基础。

2. 教学过程中

在整个教学过程中，形成性评价可以对学生的学习态度、参与度等进行全面评价。通过观察学生在课堂上的表现，教师可以了解学生的学习态度、动机和参与度，发现学生的学习问题，及时给予反馈和指导。这种针对性的评价有助于激发学生的学习兴趣，培养他们的积极性，促进他们更好地参与学习活动，提高学习效果。

3. 长期训练计划中

在长期训练计划中，形成性评价可以作为监控学生进步情况的有效工具，帮助教师调整训练计划，确保训练的科学性和有效性。通过定期的观察、记录和评价，教师可以全面了解学生的训练进展，发现学生的问题和瓶颈，及时调整训练计划，使训练更加有针对性。这种形成性评价的应用能够帮助学生在长期训练中持续进步，达到更高水平。

二、总结性评价

总结性评价是体育教学中用于评估学生在一定学习阶段或课程结束后所达到的学习成果的评价方式。它通常在教学周期的末尾进行，以检验学生是否实现了既定的学习目标；有时在体育竞赛或技能认证前进行，以检验学生的准备情况。

（一）总结性评价的特点

1. 结果导向

总结性评价以学生的学习结果为核心，注重评估学生在一段时间内所取得的学习成绩和进步。它关注的是学生的综合表现和成绩，对学生的学习效果进行总结和评价，帮助教师和学生了解学习成果是否实现预期目标。

2. 既定目标的检验

总结性评价用于检验学生是否实现了教学计划中设定的具体学习目标。这些目标通常在课程开始时就已经明确，评价结果将会反映学生对这些目标的实际完成程度，帮助教师评估教学效果和学生学习水平。

3. 形式多样

总结性评价可以采用多种形式进行，包括但不限于书面考试、技能测试、项目展示、论文撰写等。这种多样性的评价形式能够更全面地反映学生的学习情况和能力，从不同角度对学生进行评价，帮助全面了解他们的学习表现。

4. 客观性

总结性评价通常具有较高的客观性，依赖于标准化的测试和评分系统，减少了主观判断的影响。通过统一的评价标准和程序，确保评价结果更加客观公正，提高评价的准确性和可靠性，为学生和教师提供客观的学习反馈。

（二）总结性评价的适用场景

1. 学期末或课程结束

在学期末或课程结束时，总结性评价是对学生整体学习成果的评估。这种评价不仅包括学生对理论知识的掌握，还涵盖他们对技能的运用、课堂参与度及学习态度等多方面。通过这种评价，教师可以全面了解学生的学习进展和存在的问题，为学生提供有针对性的反馈和指导。

2. 体育竞赛或技能认证

在体育竞赛或技能认证之前，总结性评价可以作为检验学生准备情况的重要工具。这种评价可以帮助教练员或教师了解学生是否已经掌握了必要的技能和知识，是否准备好参加即将到来的竞赛或认证。通过这种评价，可以确保学生在体育竞赛或技能认证中能够发挥出最佳水平。

三、表现性评价

表现性评价是一种在实际或模拟的情境中观察和评估学生表现的评价方法，它在体育教学中尤为重要，因为体育活动往往需要在动态和多变的环境中进行。

（一）表现性评价的特点

1. 观察特定情境下的表现

表现性评价侧重在特定的（有时是模拟的）情境中观察学生的表现。这种情境尽可能地模拟真实世界的条件，以便更准确地评估学生的能力。

2. 强调实际应用

与理论知识测试不同，表现性评价更注重学生将所学知识应用到实际情境中的能力。这包括技能的运用、战术的理解以及对规则的遵守。

3. 问题解决能力

表现性评价常常评估学生面对问题时的应对策略和解决能力。在体育比赛中，学生需要及时做出决策，这样能考验他们的适应性和创造性。

4. 与真实生活或运动场景相关

评价的内容和情境与学生未来可能遇到的实际情况紧密相关。例如，评价一名学生踢足球的传球和接球技能，会模拟真实的比赛场景。

（二）表现性评价的适用场景

1. 模拟比赛或实际比赛

在体育教学中，模拟比赛或实际参加比赛是评价学生运动技能和战术运用的绝佳机会。通过比赛，教师可以观察学生在真实比赛情境下的表现，评估他们的技术运用、战术决策、团队合作能力等。比赛场景能够帮助学生在实际压力下展现真实水平，为教师提供全面的评价依据，促进学生在竞技体育中的发展。

2. 情景模拟

体育教学中的情景模拟活动涵盖各种实际应用场景，如急救技能展示、运动损伤的处理、运动装备的正确使用等。这些情景模拟活动不仅帮助学生学习和掌握重要技能，而且能在安全的环境中进行练习和实践。通过模拟真实情况，教师可以评估学生的应对能力、实际操作技能和应急反应能力，为他们提供实践机会和反馈，促进他们的综合能力提升。

四、标准化测试

标准化测试是一种在教育和体育领域广泛应用的评价方法，它通过统一的评价标准和工具来确保评价的一致性和可靠性。

（一）标准化测试的特点

（1）标准化测试使用统一的评分标准，这意味着所有学生在相同的条件下接受测试，确保评价的公平性。

（2）标准化测试工具（如测试题目、评分系统等）都是事先设计好的，并且在不同时间、不同地点使用时保持一致。

（3）由于采用统一的标准和工具，不同个体、不同时间或不同地点的标准化测试结果之间具有可比性。

（4）标准化测试减少了主观判断的影响，评分更多依赖于客观标准，增强了评价的客观性。

（5）标准化测试可以快速地在大规模人群中进行，适合学校或区域性的评价和选拔。

（6）标准化测试的结果通常以量化数据的形式呈现，便于统计和分析。

（二）标准化测试的适用场景

1. 体育竞赛选拔

标准化测试常用于体育竞赛的选拔过程中，用来评估运动员的体能水平和技能水平，从而确定参赛者。通过统一的体能测试或技能测试，选拔委员会可以客观地评估各参赛者的能力，确保选拔出最具实力的运动员参加比赛，提高比赛的公平性和竞争水平。

2. 体育特长生评价

在选拔体育特长生时，标准化测试可以提供一个客观的评价标准，帮助选拔委员会评估学生的体育能力。通过统一的测试项目和评分标准，能够准确地评估学生的体育特长和潜力，为选拔特长生提供科学依据。

3. 学生体育能力认证

标准化测试适用于学生体育能力的认证，如不同级别的运动员资格认证。标准化测试可以评估学生在特定体育项目中的水平，确保其符合相应的认证标准，获得相应的认证资格。

4. 教学评估

教师可以利用标准化测试来评估学生在体育课程中的学习成果，以及整个学校或地区的体育教学水平。通过统一的测试项目和评价标准，教师可以客观地评估学生的体育技能和知识水平，了解教学效果，指导教学改进，提高整体教学质量。

五、360度评价

360度评价，也称为全方位评价或多源反馈评价，是一种收集关于个人绩效的多方面信息的评价方法。在教育领域，尤其是体育教学中，360度评价可以提供对学生综合素质的全面了解。

（一）360度评价的特点

1. 多源反馈

360度评价的多源反馈机制，确保评价内容的丰富性和多样性。它不仅包括教师的专业评价，还融合了学生的自我反思、同伴的观察、家长的期望，以及可能的外部专家的意见。这种多元化的反馈来源，有助于打破单一视角评价的局限，为个体提供一个立体的评价视角。

2. 全面性

通过多源反馈，360度评价能够全面覆盖个体在不同领域的表现，如学术成绩、体育技能、艺术才能、团队合作、领导力、社交能力等。这种全面性有助于揭示个体的多方面潜能和特长，同时能够发现其潜在的不足和需要改进的领域。

3. 自我认识

360度评价通过不同角色的反馈，帮助个体获得更客观的自我认识。学生可以通过教师的评价了解自己的学习态度和学术水平，通过同伴的评价认识到自己在团队中的地位和影响力，通过家长的评价理解家庭对自己的期望和支持。这种多角度的自我认识，有助于个体形成更为全面和深入的自我理解。

4. 促进发展

360度评价的目的不仅在于评价个体当前的表现，更在于激励和引导个体的持续发展。通过反馈，个体可以明确自己的优势和劣势，从而有针对性地制订个人发展计划，实现自我提升和成长。

5. 强调过程

与传统的评价方式相比，360度评价更加注重评价的过程而非结果。它鼓励持续的沟通和反馈，强调在评价过程中的参与和互动。这种过程导向的评价理念，有助于建立一个开放、互动和持续改进的评价环境。

（二）360度评价的适用场景

1. 综合素质评价

360度评价非常适用于学生综合素质的评价，尤其是在体育教学中，可以评价学生的体育技能、团队合作、领导力、公平竞争等非技术性因素。

2. 行为和社交技能评价

在体育教学中，学生的行为规范和社交技能同样重要。360度评价可以提供关于学生行为表现和与他人交往能力的宝贵信息。

3. 领导力发展

对于希望发展领导力的学生，360度评价可以提供关于其领导风格和影响力的反馈。

4. 职业发展

对于将来希望从事体育相关职业的学生，360度评价可以提供关于其职业准备情况的全面信息。

在体育教育中，不同的评价方式可以根据教学目标、学习阶段和学生需求灵活运用。教师应根据具体情况选择合适的评价方法，以促进学生的全面发展。评价不仅是对学生学习成果的检验，更是激励学生学习、促进教师教学改进的重要工具。通过多元化的评价方式，教师可以更全面地了解学生的学习情况，为学生提供更有针对性的指导和帮助。

第三节　体育教学中常用的评价工具与方法

体育教学评价是体育教学过程中的一个重要环节，它不仅能够激励学生积极参与体育活动，还能帮助教师了解教学效果，从而不断改进教学方法。

一、观察法

观察法是体育教学中最常用的评价方法之一。教师通过观察学生在体育活动中的表现，对学生的技能、体能、态度等方面进行评价。

（一）技能评价

1. 动作准确性的观察

动作准确性是衡量学生技能水平的关键指标。在体操、篮球等项目中，教师会细致观察学生动作的细节，包括身体各部分的协调性、动作的平衡性，以及执行动作时的精确度。例如，学生在投篮时，教师会关注学生投篮姿势的规范性、力度的控制，以及投篮的准确性。

检查学生在完成动作时身体各部分是否协同工作；评估学生在执行动作时是否能保持稳定，特别是在需要单脚支撑的动作中；确保学生的动作符合体育项目的标准或规则。

2. 动作流畅性的观察

动作流畅性反映学生对技能的掌握程度和身体运动的自然度。在舞蹈、武术或球类运动中，动作的连贯性和过渡的自然性尤为重要。教师会观察学生动作的衔接是否顺畅，以及他们是否能够以一种和谐的方式完成整个动作序列。

评估学生在完成一系列动作时，各个动作之间的转换是否自然、无明显停顿；观察学生是否能够根据运动的节奏，合理分配动作的速度和力度；考量学生在完成动作时的整体流畅度和美感。

（二）体能评价

1. 耐力评价

耐力是指学生在持续运动中抵抗疲劳的能力。通过观察学生在长跑、游泳等耐力型项目中的表现，教师可以评估学生的耐力水平。

观察学生在长时间运动中的表现，是否能够保持稳定的节奏和速度；检查学生在运动中的呼吸是否均匀，是否有过度喘息的迹象；评估学生在运动后期是否出现疲劳，以及他们如何应对和缓解。

2. 力量评价

力量是指学生在完成体育动作时所能发挥的最大力量。通过观察学生在举重、引体向上等力量型项目中的表现，教师可以评价学生的力量水平。

评估学生在进行力量训练时，是否能够控制动作的速度和幅度；检查学生的动作是否符合技术要求，姿势和用力方式是否正确；观察学生在完成动作时，是否能够发挥出他们的最大力量。

3. 速度评价

速度是指学生在运动中快速移动或反应的能力。通过观察学生在短跑、反应时间测试等项目中的表现，教师可以评价学生的速度。

在短跑项目中，观察学生的起跑反应时间，是否能够快速进入运动状态；评估学生在短距离内加速的能力，以及他们达到最高速度的时间；观察学生在运动中的步频和动作频率，评估他们的运动效率。

（三）态度评价

1. 对参与度的观察

参与度反映学生在体育活动中的积极性和投入程度。教师通过观察可以了解学生是否愿意主动参与活动，以及他们在活动中的表现如何。

注意观察学生是否积极参与每项活动，是否存在逃避或消极的态度；评估学生在活动中是否展现出热情和兴趣，是否愿意尝试新的挑战；观察学生在面对困难时是否能够持续努力，不轻易放弃。

2. 对团队合作的观察

团队合作是体育活动中不可或缺的一部分，它体现学生的合作精神和社交技能。教师通过观察可以评价学生在团队中的互动和协作能力。

观察学生是否能够与队友有效沟通，共同完成任务；评估学生在团队中的角色定位，是否能够根据团队需要承担相应的责任；观察学生是否展现出领导潜质，如组织协调、激励队友等。

二、自我评价

自我评价是指学生对自己的体育活动表现进行评价。这种方法可以提高学生的自我认识和自我反思能力。

（一）日志记录

1. 对技能掌握的反思

学生在日志中记录自己在体育课上学习的技能，包括动作的准确性、流畅性，以及技能的掌握程度。通过定期记录，学生可以观察到自己技能进步的轨迹，同时能识别出需要进一步改进的地方。

2. 对体能进步的追踪

体能是体育活动的基础，学生在日志中记录自己的体能训练情况，如跑步时间的缩短、引体向上次数的增加等。这些记录不仅帮助学生看到自己的进步，还能激励他们继续努力。

3. 遇到的困难与解决策略

学生在体育学习过程中难免会遇到各种困难，如技术动作难以掌握、体能训练中遭遇瓶颈等。在日志中记录这些困难，并思考可能的解决策略，有助于学生积极面对挑战，提高学生解决问题的能力。

4. 课堂参与情况和感受

日志还可以记录学生在课堂上的参与情况，包括对活动的喜好、团队合作的感受等。这些记录有助于学生了解自己的偏好，同时能为教师提供宝贵的反馈，以便调整教学策略。

（二）目标设定

1. 短期目标的设定

短期目标通常是指在几周或一个学期内要达成的具体技能或体能提升。教师可以引导学生根据自身的实际情况，设定如掌握某项运动技能、提高跑步速度或增加引体向上次数等具体目标。

2. 长期目标的规划

长期目标涉及学生在整个学年或更长时间范围内的发展愿景。这些目标可能包括提高整体体能、参加校队选拔，或在某个体育项目上达到一定的竞技水平。

3. 目标的具体性和可测量性

在设定目标时，教师应指导学生确保目标具体、明确且可测量。例如，设定"提高跑步速度"的目标时，可以具体到"在三个月内将百米跑成绩缩短2秒"。

学生通过自我评价，可以了解自己在实现目标过程中的表现，识别存在的问题，并据此调整学习策略。

三、同伴评价

同伴评价指学生之间相互评价，这种方法可以促进学生之间的交流和学习。

(一) 技能互评

技能互评的实施需要教师精心组织和学生积极参与。在这一过程中，学生通过观察同伴的动作细节、技术规范和进步情况，学习如何提供建设性的反馈。

1. 观察与记录

学生需要学习如何观察同伴的技能表现。教师可以提供观察的框架，指导学生关注动作的准确性、流畅性和技术规范。学生应该记录他们观察到的关键点，包括同伴的优点和需要改进的地方。

2. 建设性反馈

在提供反馈时，学生应学会如何以积极和建设性的方式表达意见。他们应该首先强调同伴的积极表现，然后提出改进建议。教师可以教授学生如何使用正面的语言和具体的建议来提供反馈。

3. 互评的益处

技能互评不仅可以帮助学生提高技能，还能培养他们的观察力、评价能力和沟通技巧。通过互评，学生可以学习如何从不同的角度看待问题，提高自我反思的能力。

4. 教师的角色

教师在技能互评中需要为学生提供清晰的指导，确保互评的公正性和有效性。教师还应该监督互评过程，及时纠正不恰当的评价，鼓励学生以积极的态度参与互评。

(二) 团队互评

团队互评的实施要求学生在团队活动中相互观察并评价队友的贡献和合作精神。这一过程有助于学生认识到团队合作的重要性，并激励他们在团队中发挥积极作用。

1. 贡献评价

学生在团队互评中首先评价队友对团队目标的贡献度，这包括队友的技能运用、努力程度，以及对团队成功的投入。通过这种方式，学生可以识别团队中的关键贡献者，并学习如何更好地发挥每个人的优势。

2. 合作评估

除了个人贡献，团队互评还包括对团队合作质量的评估。学生需要观察并评价队友之间的沟通效率、协调一致性和相互支持情况。这种评估有助于学生理解团队合作的复杂性，并鼓励他们提高自己的团队协作技能。

3. 互评的益处

团队互评可以促进学生之间的相互理解和尊重，提高团队的凝聚力。通过互评，学生可以学习如何以积极和建设性的方式提供反馈，同时能够从队友的评价中获得宝贵的自我认识。

四、测试与测验

测试与测验是评价学生体育知识和技能的常用方法。

（一）理论知识测试

理论知识测试的实施需要教师精心设计考试内容，确保测试能够全面覆盖教学大纲中的关键知识点。

1. 考试内容设计

教师应根据教学目标和学生的学习进度设计包括选择题、填空题、简答题和论述题等多种题型的试卷。考试内容应涵盖运动生理学、运动心理学、运动训练学、比赛规则等多个方面。

2. 考试方式选择

教师可以根据实际情况选择书面考试或在线测试。书面考试适合于传统的教学环境，而在线测试则为学生提供了更为灵活的考试方式，同时便于教师进行成绩管理和分析。

3. 考试准备

在考试前，教师应指导学生如何复习，提供复习资料和模拟题，帮助学生做好充分的准备。

4. 考试反馈

考试结束后，教师应及时批改试卷，并向学生提供成绩反馈。反馈不仅包括分数，还应包括对学生答题情况的点评，指出学生在哪些方面做得好，在哪些方面需要改进。

（二）技能测试

技能测试的实施要求教师根据教学内容和目标，设计科学、合理的测试项目，并制定明确的评价标准。

1. 测试项目的选择

教师应选择能够全面反映学生运动技能水平的测试项目。例如，对于短跑技能，可以采用跑步计时；对于跳远技能，可以采用跳远测量。

2. 测试的标准化

为了保证测试的公正性和准确性，教师需要确保测试条件的标准化。这包括统一的测试场地、设备和规则。

3. 测试过程的组织

教师需要精心组织测试过程，确保每名学生都能在公平的条件下完成测试。同时，教师应确保测试过程的安全，避免学生在测试中受伤。

4. 测试结果的记录与分析

教师应及时记录学生的测试成绩，并进行分析。通过分析，教师可以了解学生在各项技能上的表现，鉴别学生的优点和不足。

5. 测试反馈

教师应向学生提供测试反馈，让学生了解自己的成绩，并根据反馈调整学习和训练计划。

测试与测验的目的不仅是评价学生的知识与技能的掌握程度，更重要的是通过考试激发学生的学习兴趣，帮助他们认识到理论知识与技能在体育实践中的重要性。

五、档案袋评价

档案袋评价是一种综合性评价方法，它记录和收集学生在一段时间内的体育学习成果。

（一）成果展示

档案袋评价的实施涉及学生体育学习的多个方面，包括技能展示、比赛成绩、自我评价等。

1. 成果收集

学生的体育作品（如体操动作、篮球技巧展示，以及比赛成绩、体能测试结果等）可以作为学习成果的一部分纳入档案袋。学生的自我评价、同伴评价和教师评价也可以作为重要的评价信息收录其中。

2. 档案袋内容

档案袋应包含学生在体育学习过程中的各类作品和评价，这些内容可以是视频、照片、成绩单、奖状、个人反思报告等。档案袋不仅是学生体育技能发展的记录，也是他们学习态度和进步的体现。

3. 档案袋的组织

教师应指导学生如何组织和管理自己的档案袋，确保所有材料有序、清晰。档案袋可以是实体的文件夹，也可以是数字化的电子档案。

4. 档案袋的利用

档案袋有多种用途，包括自我反思、同伴分享、教师评价和与家长沟通。通过档案袋，学生可以回顾自己的学习历程，识别自己的强项和待改进的地方。

5. 档案袋的评价

教师应定期检查学生的档案袋，提供反馈和建议。档案袋评价应注重学生的个体差异，尊重学生的自我展示和自我表达。

（二）过程记录

过程记录在档案袋评价中扮演着核心角色，它提供了学生体育学习历程的详细快照。这些记录包括如下方面。

1. 技能发展

记录学生在特定体育技能上的逐步进步，如体操动作的掌握、跑步速度的提升或篮球投篮技巧的改进。

2. 体能变化

追踪学生的体能变化，如力量、耐力、灵活性和协调性等方面的改善。

3. 学习态度

观察并记录学生在体育课上的参与度、积极性、团队合作精神，以及面对挑战时的态度。

4. 反思与自我评价

收录学生的反思日志、自我评价报告以及对未来学习目标的设定，这些都是学生自我成长的重要部分。

六、评价的公平性和有效性

在进行体育教学评价时，教师需要确保评价的公平性和有效性。

（一）公平性

评价的公平性是体育教学评价中的一条核心原则，它要求评价体系对所有参与者都是公正的。

1. 统一的评价标准

制定清晰、一致的评价标准，并确保这些标准对所有学生都适用。这意味着评价标准不应受到学生性别、身体条件或文化背景等个人特征的影响。

2. 客观性

评价过程应尽量减少主观性，采用可量化的指标和客观的评分方法，以确保评价结果的准确性和可信度。

3. 无偏见的反馈

教师在提供反馈时，应保持公正无私，避免任何可能的偏见或歧视，确保每名学生都能得到诚实且有帮助的反馈。

4. 可比性

评价结果应在不同时间、不同情境下保持可比性，确保学生的表现可以在相似的条件下被公平地评估。

5. 透明性

评价过程和结果应对学生和家长保持透明，让学生了解评价的具体内容、标准和方法，以及如何使用评价结果来指导学习。

（二）有效性

1. 准确反映学习成果

评价方法应能够准确捕捉和反映学生在体育技能、体能、理论知识，以及态度等方面的学习成果。

2. 促进学生发展

评价应当作为教学过程中的一个环节，不仅评价学生当前的学习状态，而且激励学生设定目标，促进其持续发展。

3. 指导教学调整

评价结果应为教师提供反馈，帮助他们了解教学效果，识别教学中的问题，并据此调整教学策略。

体育教学评价是一个复杂而细致的工作，它需要教师具备专业知识和技能，同时需要学生的积极参与。通过有效的评价，可以激发学生的学习兴趣，提高教学质量，促进学生的全面发展。

第四节　如何给予学生有效的反馈与指导

在体育教育中，给予学生有效的反馈与指导是非常重要的，它可以帮助学生更好地理解和改进自己的运动技能，提高他们的体育运动水平，培养他们的自信心和团队精神。

一、了解学生的个体差异

（一）观察与评估

在体育教育中，教师对学生个体差异的了解是提供有效反馈与指导的基础。为此，教师需要进行细致的观察和评估，以全面掌握每名学生的身体条件、技能水平、学习风格和心理特点。这涉及学生的身体素质、协调性、反应速度、运动技能、团队合作能力，以及对体育活动的态度和兴趣等多个方面。

教师在观察学生时，应关注学生在体育活动中的表现，包括他们的身体协调性、力量、耐力、速度，以及运动技能的掌握程度。教师还应评估学生的学习风格，了解他们更倾向通过视觉、听觉还是动手操作来学习。了解学生的心理特点同样重要，这包括了解他们对挑战的态度、对失败的反应，以及团队合作中的互动方式。

在技能水平方面，教师应根据学生的掌握程度调整教学内容和难度。对于初学者，重点应放在基础技能的学习和掌握上；而对于技能较为熟练的学生，则可以引导他们探索更高级的技巧和策略。同时，教师应鼓励学生根据自己的兴趣选择要参与的体育活动类型，以提高他们的参与度和学习动力。

教师还应关注学生在体育活动中的情感体验，包括他们对成功的感受、对失败的应对，以及与同伴的互动。通过提供情感支持和积极的反馈，教师可以帮助学生树立积极的自我形象，并鼓励他们以积极的态度面对挑战。

（二）个性化教学计划

在体育教育中，个性化教学计划是满足学生个体差异的关键策略。教师通过对学生的身体条件、技能水平、学习风格和心理特点进行深入了解，能够设计出符合每名学生需求的教学计划。

个性化教学计划制订前，教师需要对每名学生进行全面的评估，包括他们的身体素质、运动技能、学习偏好，以及对体育活动的态度。例如，对于体能较好的学生，教师可以安排更具挑战性的训练项目；对于体能较差的学生，则应注重基础体能的培养和逐步提升。

在技能教学方面，教师应根据学生的掌握程度，提供差异化的指导。对于初学者，重点在于基础技能的反复练习和正确动作的建立；对于具备一定基础的学生，可以引入更高级的技术动作和战术理解，促进其技能的深化和应用。

个性化教学计划还应包括对训练强度的调整。一些学生需要重复练习来巩固技能，而另一些学生需要变化多样的训练来保持兴趣和动力。教师应灵活调整训练的难度和复杂性，确保每名学生都能在自己的节奏下不断进步。

个性化教学计划还应考虑学生的兴趣和动机。鼓励学生参与自己感兴趣的体育活动，可以提高他们的参与度和学习热情。教师可以通过提供多样化的体育项目选择，让学生根据自己的兴趣进行选择，从而增加他们对体育活动的喜爱和投入。

在实施个性化教学计划的过程中，教师应持续观察学生的进步和反应，及时调整教学策略。这可能意味着增加或减少某些练习，改变训练方法，或者根据学生的表现和反馈调整教学目标。

最后，个性化教学计划的成功实施需要教师具备高度的专业性和灵活性。教师应不断更新自己的教学方法，学习新的技能和策略，以更好地满足学生的个性化需求。通过个性化教学计划，教师能够为每名学生提供最适合他们的体育教育，帮助他们在体育领域取得成功，同时培养他们对体育活动的终身兴趣。

二、积极鼓励和肯定学生的努力和进步

在体育教育中，积极鼓励和肯定学生的努力和进步对于激发学生的内在动机、建立自信心、促进技能提升，以及培养他们对体育活动的热爱至关重要。

（一）强调努力的价值

在体育教育中，教师的反馈和鼓励对于学生的成长至关重要。特别是强调学生的努力和进步，而不仅仅是最终的成绩，这能够培养学生长期坚持的精神。

教师应认识到每名学生都有其独特的起点和潜力。通过观察学生在训练中的表现，教师可以发现他们的努力程度和对技能掌握的热情。在给予反馈时，教师应具体指出学生在哪些方面付出了努力，如他们如何通过反复练习提高了技术水平，或者在团队合作中如何积极作贡献。

教师应使用积极的语言来赞扬学生的勤奋和坚持。例如，教师可以说：

"我看到你在运球技巧上投入了很多努力，这种坚持不懈的态度值得赞扬。"这样的反馈不仅认可了学生的付出，也鼓励他们继续努力。

同时，教师应避免单一地以比赛成绩或技能水平来评价学生。相反，应该重视学生在面对挑战时所展现的毅力和决心。当学生遇到失败时，教师应帮助他们从失败中学习，而不是仅仅关注失败本身。

（二）给予个性化的表扬

在体育教学中，个性化的表扬对于激励学生、增强其自信心和持续进步具有重要作用。教师应深入观察每名学生的表现，识别他们各自的优势和提升空间，从而提供具体、个性化的正面反馈。

个性化表扬的关键在于细节。教师应关注学生在技能掌握、团队合作、比赛态度、努力程度等各方面的细微进步。例如，对于技术提升的学生，教师可以表扬其在特定技能上的精准度和流畅性；对于在团队中发挥关键作用的学生，可以赞扬其领导能力和团队精神。

个性化表扬还应考虑学生的个性和偏好。一些学生可能喜欢在集体面前得到表扬，而另一些学生可能更喜欢私下的肯定。教师应根据学生的性格和偏好，选择合适的表扬方式。

重要的是，个性化表扬不仅限于学生显而易见的成功，也应包括他们为克服困难所做出的努力。即使学生在某次比赛中没有获胜，但如果他们展现了坚韧不拔的精神，教师也应予以认可和鼓励。

（三）给予具体而真诚的赞扬

在体育教育中，具体而真诚的赞扬是激励学生、促进其成长的重要手段。这种赞扬方式能够让学生明白自己在哪些方面做得好，同时为他们指明了进一步改进的方向。

教师的赞扬应当建立在对学生实际表现的真实观察和评估之上。这意味着教师需要投入时间和精力去观察学生在训练和比赛中的表现，了解他们的个性和特点，从而给出真实可信的反馈。

教师的赞扬应真诚且具体。泛泛的称赞（如"干得好"）可能无法给学生留下深刻印象，而具体的表扬（如"你在今天的防守中表现出色，成功阻止了对手的进攻")能够让学生明白自己的努力被看见和赏识。

同时,赞扬应当与建设性的反馈相结合。在肯定学生做得好的地方之后,教师可以提出一些建议,帮助他们在未来做得更好。例如,教师可以接着说:"如果你能在起跑时更加集中注意力,我相信你的表现还能更上一层楼。"

(四)鼓励自我反思

在体育教育中,鼓励学生进行自我反思是一种有效的教学策略,它有助于学生更深入地理解自己的表现,认识到自己的强项和需要改进的地方。自我反思的过程能够促进学生的自主学习和终身成长。

教师可以通过提问来引导学生进行自我反思。在训练或比赛结束后,教师可以询问学生:"你认为你今天做得最好的部分是什么?"或者"你觉得自己可以在哪些方面改进?"这样的问题能够激发学生的思考,让他们回顾自己的表现,从而进行自我评估。

教师可以教授学生如何进行自我反思。这包括如何识别和分析自己的表现,如何设定目标,以及如何制订改进计划。教师可以提供一些工具和框架(如自我评估表或日志),帮助学生记录和分析自己在训练和比赛中的表现。

自我反思的过程也应包括对情感和心理状态的反思。教师可以鼓励学生思考自己的情绪管理、团队合作态度,以及面对挑战时的应对策略。这种反思有助于学生发展情感智力,使他们在压力下表现得更好。

为了使自我反思更加有效,教师应提供一个支持和鼓励的环境。教师应尊重学生的观点和感受,鼓励他们诚实地表达自己的想法,即使这些想法可能不完全正确。教师的积极反馈和建设性建议可以增强学生的自信心,激励他们继续进行自我反思。

(五)使用非语言信号

非语言信号在体育教学中扮演着重要角色,是教师传递积极反馈和支持的有力工具。这些信号不仅能够即时传达认可和鼓励,还能在不打断学生活动的情况下提供反馈,从而增强学生的成就感和动力。

非语言信号的使用非常多样，包括但不限于肢体动作、面部表情和声音的语调变化。例如，当学生成功完成一个动作或在比赛中表现出色时，教师可以通过点头、微笑或者鼓掌来表示赞许。这些动作虽然简单，却能够让学生感受到教师的认可和支持。

竖起大拇指是一种广泛认可的正面反馈方式，它可以在学生实现目标或展现卓越表现时使用。教师可以通过拍拍学生的背或与他们击掌来庆祝他们的成功，这些肢体接触能够加强师生之间的联系，并提升学生的自信心。

声音的语调变化也是一种有效的非语言信号。教师可以通过提高语调、使用鼓励的语气来表达对学生努力的肯定。即使在给出批评或建议时，教师也可以用温和的鼓励语调来缓和批评的直接性，帮助学生以更积极的态度接受反馈。

非语言信号的使用需要真诚和恰当。教师的非语言行为应该与他们的口头反馈一致，以避免混淆或误导学生。教师应注意观察学生对非语言信号的反应，确保他们正确理解了信号的含义。

在团队环境中，非语言信号还可以加强团队精神和集体认同感。当教师对整个团队的表现给予肯定时，可以增强团队成员之间的凝聚力，鼓励他们共同努力，追求更好的成绩。

值得注意的是，非语言信号的使用应考虑文化差异。在不同的文化背景下，相同的非语言行为可能具有不同的含义。教师应了解学生的文化背景，并在必要时调整自己的非语言行为，以确保有效沟通。

三、清晰明了的指导

在体育教育中，清晰明了的指导对于学生掌握技能和提高表现至关重要。教师的指导应旨在帮助学生识别自身的不足，理解改进的方向，并提供必要的工具和策略以促进其学习和进步。

（一）清晰解说

在体育教学中，清晰解说是帮助学生理解和掌握新技能或战术的关键。

教师的语言应当简洁、直观，并且易于学生理解，这样才能确保信息的有效传递。

教师在解说时应避免使用复杂的术语或过于专业的体育词汇，这可能会使学生感到困惑或难以跟上。相反，应该使用日常语言或比喻，帮助学生形象地理解动作要领和战术安排。

教师的解说应当具有逻辑性和条理性，按照由浅入深、由易到难的顺序进行。可以先从基本的概念和动作开始，逐步过渡到更复杂的技能和战术。这样可以帮助学生建立起扎实的基础，并在此基础上逐步提高。

教师的解说应当具体和明确，指出学生在练习中应该注意的关键点。例如，在教授篮球运球技巧时，教师可以强调手掌不应触碰球、眼睛应保持向前看等要点，帮助学生形成正确的动作习惯。

同时，教师应鼓励学生提问和反馈，确保他们对所学内容有清晰的理解。在解说结束后，教师可以邀请学生复述或演示他们所学到的内容，以此来检验他们的理解程度，并及时纠正可能产生的误解。

（二）逐步演示

在体育教学中，逐步演示是一种有效的教学方法，它能够帮助学生很好地理解和掌握技术动作。这种方法特别适用于那些复杂或由多个步骤组成的技能，如体操动作、武术套路或团队运动中的战术配合。

教师需要将整个技术动作分解成若干个较小的、易于管理的部分。这样做的目的是让学生能够在不过度负荷的情况下，集中精力学习每个部分。例如，在教授足球中的盘球技巧时，教师可以首先从静止状态下的盘球开始，然后逐步过渡到行进中的盘球，最后介绍如何在防守压力下控制球。

在演示每个步骤时，教师应该清晰、缓慢地展示动作，并确保所有学生都能清楚地看到。在演示之后，教师可以邀请学生进行模仿，并提供及时的反馈。这种模仿和反馈的过程对于学生理解和掌握动作至关重要。

教师可以使用各种教学辅助工具来增强演示的效果（如使用慢动作视频来展示技术细节），或者利用图解和模型来帮助学生更好地理解动作结构。这些工具可以为学生提供额外的视觉信息，帮助他们从不同角度理解动作。

在学生练习时，教师应鼓励他们逐步练习，而不是试图一次性完成整个动作。教师可以设置一系列小目标，让学生在实现每个小目标后获得成就感，从而激励他们继续前进。

同时，教师应注意观察学生的表现，并根据他们的学习进度和理解程度调整教学计划。对于那些掌握较慢的学生，教师可以提供额外的演示和练习机会，确保他们不会感到沮丧或失落。

教师应强调逐步学习的重要性，并鼓励学生保持耐心和毅力。学习复杂的体育技能需要时间和努力，教师应让学生明白，只要他们愿意付出努力，就一定能够取得进步。

（三）亲身示范

在体育教学中，通过亲自展示，教师不仅能够向学生展示正确的动作要领，还能够传达出动作背后的意图和精神。

教师的示范应当准确无误。在进行示范之前，教师需要确保自己对所要教授的技能有深刻的理解和熟练的掌握。只有教师自己能够准确、流畅地完成动作，才能为学生提供高质量的示范。

在示范时，教师应选择一个所有学生都能清楚看到的位置，并确保示范的速度适中。既不要太快，以免学生跟不上，也不要太慢，以免失去动作的连贯性。同时，教师应从不同的角度进行示范，让学生能够从多个视角观察和学习。

教师的示范应当具有启发性。在展示正确的动作的同时，教师应解释每个动作的目的和意义，帮助学生理解为什么要这样做，而不仅仅是怎样做。这种启发性的示范能够激发学生思考，促进他们深入学习。

教师还可以结合语言解说和非语言信号来进行示范。通过清晰的语言解说，教师可以指出动作的关键点和注意事项，帮助学生理解和记忆。而通过非语言信号（如手势、面部表情和身体语言），教师可以传达出更多的信息，增强示范的效果。

教师应以身作则，展示出对运动的热爱和对教学的投入。当学生看到教师的热情和专业时，他们更有可能被感染，从而更加积极地参与学习和训练。

（四）鼓励尝试与接受犯错

在体育教学中，鼓励学生尝试新技能和接受犯错不仅能够促进学生的技术进步，还能培养他们的探索精神和解决问题的能力。

教师需要创造一个安全、舒适的学习环境，让学生感到在尝试新技能时感到舒适，即使犯了错误也不会受到批评或嘲笑。这种环境能够鼓励学生大胆尝试，勇于挑战自我。

在学生尝试新技能时，教师应提供必要的指导和帮助，确保他们能够正确地执行动作。同时，教师应强调尝试的过程比结果更重要，鼓励学生享受学习的过程，而不是只关注最终的成绩。

当学生犯错时，教师应采取积极的态度，将错误视为学习的机会。教师可以引导学生分析错误的原因，讨论如何避免类似的错误，并鼓励他们再次尝试。这种从错误中学习的方法能够帮助学生更好地理解技能，提高他们解决问题的能力。

教师还可以分享自己的错误和失败经历，表示即使是专业人士也会犯错，重要的是如何从错误中学习和进步。这种开放和诚实的态度能够使学生产生共鸣，鼓励他们更加自信地面对挑战。

教师应鼓励学生之间相互学习和帮助。通过小组讨论或同伴教学，学生可以分享自己的经验和策略，相互鼓励和支持。这种合作学习的环境能够促进学生之间的交流和增强团队精神。

教师应强调持续努力的重要性，鼓励学生不断尝试和练习，直到他们掌握技能。通过持续的努力，学生可以逐渐提高自己的技能，增强自信心，并培养成长心态。

有效的体育教育反馈与指导需要教师具备观察力、沟通技巧和专业知识。通过上述方法，教师可以更有效地帮助学生提高技能、增强自信，并培养对体育活动的终身热爱。

第三章

评价内容与标准

第一节　体育教学中常见的评价内容

体育教学评价是体育教学过程中的一个重要环节，它不仅能够促进学生体育技能的提高，还能激发学生参与体育活动的积极性，培养学生的团队合作精神和竞争意识。

一、体育技能掌握程度

在体育教学中，对体育技能掌握程度的评价是一项复杂而细致的工作，它不仅涉及对学生技能水平的评估，还包括对学生学习过程的观察和分析。

（一）体育技能掌握程度的详细评价内容

1. 基本运动技能

基本运动技能是所有体育活动的基础，包括但不限于以下三个方面。

（1）跑：包括短跑、长跑、接力跑等，评价学生的速度、耐力和跑步技巧。

（2）跳：如立定跳远、三级跳远、跳高等，评价学生的爆发力、协调性和跳跃技巧。

（3）投：如投铅球、投标枪、投铁饼等，评价学生的力量、技巧和准确性。

2. 专项运动技能

专项运动技能是指特定体育项目所需的技能，如：

（1）篮球：运球、投篮、防守、进攻战术等。

（2）足球：盘带、射门、传球、防守站位等。

（3）游泳：各种泳姿的技巧掌握、呼吸控制、速度和耐力锻炼等。

（二）评价体育技能的意义

评价体育技能在体育教学中扮演着至关重要的角色，它不仅对学生的学习过程和成果有深远的影响，而且为教师的教学策略和方法提供了宝贵的反馈。

1. 个性化教学的实现

体育技能评价的首要意义在于促进个性化教学的实施。每名学生的身体条件、运动经验和学习风格都不尽相同，通过对学生体育技能的细致评价，教师能够识别每名学生的个体差异。例如，对于运动天赋较高的学生，教师可以设计更具挑战性的训练项目；而对于运动基础较弱的学生，可以提供更多的基础技能训练和鼓励。个性化教学的实施能够确保每名学生都能在其能力范围内获得最大的进步和成长。

2. 技能提升的激励

体育技能评价的另一个重要作用是激励学生提升技能。通过对学生的体育技能进行评价，学生能够清晰地认识到自己在哪些方面做得好，在哪些方面还需要改进。这种自我认知是技能提升的第一步。评价过程中的正面反馈可以增强学生的自信心，建设性的批评则可以引导学生进行有针对性的练习。通过这种方式，学生能够在不断的练习和改进中，逐步提高自己的体育技能。

3. 教学反馈的获取

体育技能评价为教师提供了宝贵的教学反馈。教师可以通过评价结果来了解教学计划的有效性，以及教学方法是否有利于提高学生的学习效果。如果评价结果显示学生在某些技能上普遍不足，教师就需要考虑调整教学策略（如增加某些技能的训练时间），或者采用不同的教学方法来提高学生的学习效果。教师还可以根据评价结果来调整教学进度，确保所有学生都能跟上课程的进度，而不是只有少数学生能够掌握所学内容。

4. 教学策略的优化

评价体育技能有助于教师优化教学策略。通过对评价数据的分析，教师可以发现哪些教学方法最有效，哪些需要改进。例如，评价结果显示学生在团队合作项目中表现不佳，教师可能需要在课堂上增加团队合作的练习，或者引入新的团队建设活动。通过这种方式，教师可以不断优化教学策略，以提高教学效果。

（三）评价方法的深入探讨

1. 观察法的实施

观察法是体育教学中最常用的评价方法之一。它包括定性观察和定量观察两种形式。

定性观察侧重教师对学生技能表现的直观感受和理解。教师通过观察学生在体育活动中的动作协调性、技术掌握程度，以及参与度，可以对学生的技能水平做出初步判断。这种观察可以帮助教师识别学生在技能学习上的个体差异，从而提供更有针对性的指导。

定量观察则更加注重数据的收集和分析。通过使用预先设计好的评分表或清单，教师可以对学生的技能表现进行量化评分。这种评分可以基于学生完成特定任务的速度、准确性、技术规范性等方面。定量观察为教师提供了一种更为客观的评价手段，有助于在教学中做出更加精确的决策。

2. 测试法的应用

测试法是通过设定具体的测试项目来评估学生的体育技能。

定时测试通常在学期的不同时间点（如学期初、学期中和学期末）进行，以评估学生技能的进步情况。这种测试可以帮助教师和学生了解学生在一段时间内的学习成果，从而调整教学计划和学习策略。

情境测试则更加注重模拟实际比赛或应用场景，评价学生在压力下的技能表现。这种测试可以帮助学生适应比赛环境，提高他们的心理承受能力和应变能力。

3. 自我评价与同伴评价

除了教师的评价外，学生的自我评价和同伴评价也是体育技能评价中不可或缺的部分。

自我评价鼓励学生对自己的技能表现进行反思，这不仅可以提高学生的自我认识，还可以增强学生的自我激励能力。通过自我评价，学生可以更加清楚地了解自己在技能学习上的强项和弱项，从而更有针对性地进行练习。

同伴评价则通过同伴之间的互评，促进学生相互学习和相互尊重。同伴评价可以帮助学生从不同的角度看待自己的技能表现，同时有助于培养学生的社交技能和团队合作精神。

二、身体素质

身体素质是个体在体育活动中表现出来的一系列生理特征和运动能力，它是体育教学中不可或缺的一部分。身体素质的评价对于促进学生的全面发展、提高体育教学质量，以及为学生未来的体育活动和健康生活打下基础都具有重要意义。

（一）身体素质评价的意义

1. 全面提高身体素质

身体素质评价首先能够为学生的身体素质提供一个全面的反馈。通过评价，学生可以清晰地认识到自己在力量、速度、耐力、柔韧性和协调性等不同方面的具体表现。这种认识是学生进行针对性训练、改善薄弱环节的前提。例如，一名学生在速度测试中表现不佳，他可能会在之后的训练中更加注重速度和反应能力的提升。

2. 培养健康生活方式

身体素质评价能够提高学生对体育锻炼重要性的认识。当学生通过评价了解到自己的身体素质状况后，他们更有可能被激励去积极参与体育活动，从而养成健康的生活方式。这种生活方式不仅包括定期的体育锻炼，还包括合理的饮食和良好的作息习惯。

3. 运动技能学习的基础

身体素质是学习运动技能的基石。良好的力量、速度、耐力等素质，可以为学生学习打篮球、踢足球、游泳等运动技能提供必要的身体条件。通过身体素质评价，教师可以更准确地识别出学生在哪些身体素质方面存在不足，进而在教学中有针对性地加强这些方面的训练。

4. 竞技体育的选材依据

对于那些有志于竞技体育的学生来说，身体素质评价可以作为选材的重要参考。教练员可以通过评价发现学生的潜力和特长，从而进行有针对性的培养。例如，一名在力量测试中表现出色的学生，可能会被推荐去参加举重或摔跤等力量型项目的训练。

（二）身体素质评价的方法

1. 体能测试

体能测试是直接评估学生身体素质的常用方法，它通过一系列标准化的测试项目来衡量学生在不同身体素质方面的表现。

（1）力量测试：通过引体向上、俯卧撑和仰卧起坐等项目，可以评估学生的上肢、核心肌群和下肢力量。这些测试有助于了解学生在力量方面的潜力和需要改进的地方。

（2）速度测试：50米短跑和立定跳远等项目能够反映学生的起跑反应和短距离冲刺能力，是评价速度素质的关键指标。

（3）耐力测试：长距离跑（如800米或1500米）可以测试学生的心肺功能和肌肉耐力，对于评估学生的耐力水平至关重要。

（4）柔韧性测试：坐位体前屈和纵劈叉等测试可以测试学生的关节灵活性和肌肉伸展范围，柔韧性对于预防运动伤害和提高运动表现都非常重要。

（5）协调性测试：跳绳和平衡木等活动可以评价学生的身体协调性和平衡控制能力，协调性是掌握复杂运动技能的基础。

2. 运动技能测试

运动技能测试通过评估学生在特定运动项目中的表现来间接反映其身体素质。

（1）球类运动：打篮球、踢足球和打排球等球类运动不仅能够锻炼学生的力量、速度和耐力，还能提高其协调性和团队合作能力。

（2）田径运动：跳高、跳远和投掷等田径项目可以测试学生的力量、速度和协调性，同时对技巧要求较高。

（3）游泳：作为一种全身运动，游泳可以有效地评价学生的力量、耐力和协调性，同时对心肺功能有显著的促进作用。

3. 日常观察

除了正式的测试外，教师在日常教学中对学生的观察也是评价身体素质的重要手段。

（1）课堂表现：教师可以通过观察学生在课堂上的参与程度、努力程度，以及对技能掌握的进步情况，来评估学生的身体素质。

（2）运动表现：在实际运动中，学生展示的技术动作、运动效率和恢复情况都是评价其身体素质的重要线索。

三、团队合作能力

团队合作能力在体育活动中占据着举足轻重的地位，它不仅关系到体育竞技的成绩，更对学生未来的社会交往和职业发展具有深远的影响。

（一）评价团队合作能力的意义

1. 增强相互理解和支持

体育活动中的团队合作能够让学生在实践中学会倾听、理解队友的观点和需求，从而建立起相互理解和支持的关系。这种能力对于学生未来的社会交往和团队合作至关重要。

2. 增强集体荣誉感和归属感

参与团队活动可以增强学生的集体荣誉感和归属感。当团队取得成功时，每名成员都会感到自豪，这种归属感可以激励学生更加积极地参与到团队中去，为团队的目标贡献自己的力量。

3. 培养领导力和责任感

在团队合作中，学生有机会承担不同的角色和责任，这有助于培养他们的领导力和责任感。学生通过实际的团队活动，可以学习如何领导一个团队，如何协调团队成员之间的关系，以及如何承担责任。

4. 学习解决冲突的技巧

团队合作中不可避免地会出现意见分歧和冲突。通过团队活动，学生可以学习如何有效地解决冲突，这对于他们未来处理人际关系和解决职场问题具有重要意义。

（二）评价团队合作能力的方法

1. 观察法

观察法是评价团队合作能力的基本方法。教师可以通过以下四个方面来进行观察。

（1）沟通交流：关注学生在团队中的沟通方式，是否能够清晰表达自己的想法，是否能够倾听并理解队友的观点。

（2）角色分配与执行：观察学生在团队中的角色分配是否合理，以及他们是否能够很好地执行自己的角色职责。

（3）协作过程：关注学生在团队活动中的协作过程，是否能够共同解决问题，是否能够相互支持和鼓励。

（4）应对冲突：关注学生在面对团队冲突时的应对方式，是否能够有效地解决冲突，是否能够保持团队的和谐。

2. 反馈法

反馈法是通过教师和同伴的反馈来评价学生的团队合作能力。这种方法可以让学生更加全面地了解自己在团队合作中的表现。

（1）教师反馈：教师可以根据自己对团队活动的观察，对学生的团队合作能力给出评价和建议。教师的反馈应该具体、客观，并且提供改进的方向。

（2）同伴反馈：同伴反馈可以让学生从队友的角度了解自己的表现。同伴评价可以采用匿名的方式，以减少评价过程中可能出现的偏见和压力。

（3）自我反馈：自我反馈鼓励学生对自己的团队合作表现进行反思。学生可以思考自己在团队中的角色、自己对团队的贡献，以及自己在团队合作中需要改进的地方。

3. 项目合作法

项目合作法是通过让学生参与到一个具体的团队项目中来评价他们的团队合作能力。这种方法可以更加全面地评价学生的团队合作能力。

（1）项目规划：学生团队共同规划一个项目，包括确定项目目标、分配任务和制订时间表。

（2）项目执行：学生团队共同执行项目计划，在这个过程中评价他们的团队合作能力。

（3）项目展示：项目完成后，学生团队需要对项目进行展示。这可以评价学生的团队合作成果和团队协作能力。

四、体育知识

体育知识作为体育教学的重要组成部分，不仅为学生参与体育活动提供理论基础，而且对于提升学生的体育素养、增强安全意识和自我保护能力都具有不可忽视的作用。

（一）评价体育知识的意义

1. 增强认识和理解

体育知识的评价能够帮助学生更深入地理解体育活动的规则、技巧和背后的科学原理。这种理解是学生有效参与体育活动、提高运动技能和避免运动伤害的前提。

2. 培养安全意识

通过评价学生的体育知识，教师可以了解学生对运动安全的认识程度，从而有针对性地加强安全教育，培养学生的安全意识，使学生能够在运动中采取适当的预防措施，减少受伤的风险。

3. 提高自我保护能力

了解体育知识还能帮助学生掌握在受到运动伤害时进行初步处理和自我保护的方法，这对于没有专业医疗人员在场的情况尤为重要。

4. 促进终身体育

对体育知识的学习能激发学生对体育的终身兴趣，帮助他们在毕业后继续进行体育活动，从而保持健康的生活方式。

（二）评价体育知识的方法

1. 笔试

笔试是评价学生体育理论知识的直接方式，它可以通过选择题、填空题、简答题和论述题等多种题型来检验学生对体育知识的掌握程度。

（1）选择题：适用于评价学生对体育规则、基本概念等基础知识的掌握。

（2）填空题：可以测试学生对体育术语、重要事件或人物的记忆程度。

（3）简答题：用于评估学生对某一体育技能或战术的理解和表述能力。

（4）论述题：能够考查学生的综合分析能力和对体育知识的深入理解。

2. 口试

口试是一种更为灵活的评价方式，教师与学生进行直接交流，通过提问来了解学生的体育知识掌握情况。

（1）口头提问：教师可以根据教学内容提出相关问题，考查学生对体育规则、技巧、战术等方面的理解。

（2）现场示范：学生可以被要求现场演示某个技术动作，同时口头解释其步骤和要点，以此来评价他们的理解程度和表达能力。

3. 实践操作

除了笔试和口试，通过实践操作来评价学生的体育知识也是一种有效的方法。

（1）技能展示：可以要求学生在体育活动中展示特定的技能（如篮球的运球、足球的射门等），以此来评价他们对体育知识的运用能力。

（2）模拟比赛：通过组织模拟比赛，可以评估学生对比赛规则的理解和应用程度，以及他们的团队合作和战术执行能力。

五、体育道德

体育道德体现了公平竞争、尊重对手、团队合作等体育精神。评价学生的体育道德不仅有助于提升学生的个人品质，还能促进学生形成正确的人生观和价值观。

（一）评价体育道德的意义

1. 塑造诚信的人格

体育道德的评价强调诚实守信的重要性。在体育竞技中，诚信是赢得尊重和信任的基石。通过体育道德的教育和评价，学生能够认识到诚信的价值，并将其作为个人行为的准则，这对于他们未来在社会中的交往和职业发展都至关重要。

2. 培养尊重与包容

体育活动中的互动，无论是与队友的合作还是与对手的竞争，都要求参与者展现出尊重和包容。评价体育道德可以让学生明白，尊重他人不仅是体育精神的体现，也是人际交往中不可或缺的品质。这种品质的培养有助于学生在多元社会中建立和谐的人际关系。

3. 强化公平竞争的观念

体育道德的评价有助于学生理解公平竞争的重要性。在体育比赛中，遵守规则、公平竞争是赢得比赛的前提。这种观念的内化可以引导学生在未来的社会竞争中，坚持公平正义，反对不正当的手段。

4. 提升社会责任感

通过体育道德的评价，学生可以意识到他们的行为不仅影响个人，也影响着团队和社会。这种认识可以促使学生在体育活动中展现出更强的责任感，同时能将这种责任感延伸到社会生活的其他方面，使他们成为具有社会责任感的公民。

（二）评价体育道德的方法

1. 行为观察

行为观察是评价体育道德的基本方法。教师可以通过以下四个方面来进行观察。

（1）遵守规则：注意学生是否遵守比赛规则和体育道德规范。

（2）尊重对手：观察学生是否在比赛前后对对手表现出尊重。

（3）团队合作：关注学生在团队活动中是否能够展现出合作精神。

（4）应对失败：注意学生在面对失败时的态度，是否能够接受失败并从中学习。

2. 情景模拟

情景模拟是一种通过设置特定情境来评价学生体育道德的方法。

（1）角色扮演：学生在模拟的体育活动中扮演不同的角色，通过角色扮演来展示他们的体育道德行为。

（2）道德困境：设置道德困境（如比赛中的争议判罚），让学生讨论并决定如何应对，以此来评价他们的道德判断和行为选择。

第二节　评价标准的制定与应用

体育教学评价标准的制定与应用是体育教育领域中至关重要的一环。运用科学、客观的评价标准，可以更好地衡量学生的学习效果，指导教学实践，促进学生全面发展。

一、制定体育教学评价标准的原则

（一）科学性

在制定体育教学评价标准时，科学性原则要求评价标准必须建立在体育教育的教学目标和要求之上，同时要充分考虑体育学科的内在特点和学生的身心发展规律。这样的评价标准才能真实反映学生在体育学习过程中的能力和进步。

评价标准应当与体育教学的目标紧密相连。体育教学旨在培养学生的身体素质、运动技能、团队协作能力，以及公平竞争的意识。因此，评价标准需要围绕这些目标来设计，确保评价能够全面地反映学生在体育学习中的各个方面。

评价标准的制定应考虑体育学科的特点。体育学科强调实践性和体验性，因此评价标准应当能够反映学生在实际运动中的表现，包括技术动作的准确性、运动强度的适应性，以及比赛中的策略运用等。

评价标准还应遵循学生身心发展的规律。不同年龄段的学生在体能、技能掌握、心理承受能力等方面存在差异。评价标准应当体现出这种差异性，允许学生根据自己的实际情况进行自我评价和自我提升。

为了确保评价标准的科学性，还需要进行定期的评估和修订。随着体育教学理念的更新和学生需求的变化，评价标准也应不断优化，以适应新的教学环境。同时，评价标准的制定应吸纳教师、学生、家长，甚至教育专家的意见和建议，通过广泛的讨论和论证，形成一套既科学又具有可操作性的评价体系。

（二）全面性

全面性要求评价体系能够全面覆盖体育教育的各个关键领域，以确保对学生的学习成果进行全方位的考量。

评价标准的设计必须考虑体育教育的多元目标，这不仅包括体能素质的提高，还涉及技能水平的掌握、心理素质的培养，以及社会适应能力的增强。一套全面的评价体系能够准确地捕捉到学生在体育学习过程中全面发展的情况。

体能素质是体育教学的基础，评价标准应当包括对力量、速度、耐力、柔韧性和协调性等方面的测试。这些测试有助于评估学生的基本身体素质，为后续技能学习打下坚实的基础。

技能水平是衡量学生体育学习成效的重要指标。评价标准应涵盖各种运动技能，如跑、跳、投及特定运动项目的技术动作等。通过对技能水平的评价，可以激励学生不断提高自己的技术水平，增强运动能力。

心理素质在体育教育中同样占据重要位置。评价标准应当包含对学生心理韧性、团队合作精神、竞争态度，以及公平竞赛意识的考量。这些心理素质的培养对于学生的个人成长和未来的社会生活都具有重要意义。

评价标准还应注重学生的创新能力和解决问题能力。在体育教学中，鼓励学生探索新的运动方式、尝试解决运动中遇到的问题，可以促进发展学生的创造性思维和自主学习能力。

为了实现评价的全面性，评价体系应包含对学生参与度和学习态度的评价。这包括学生在课堂上的积极参与、对体育活动的兴趣，以及对健康生活方式的认识和态度。

全面性原则要求评价标准具有灵活性和适应性。不同的学生有不同的特点和需求，评价标准应当能够适应这种多样性，允许学生根据自己的特长和兴趣选择适合自己的评价方式。

全面性原则强调评价标准的连续性和发展性。评价不应仅限于学习结束时的一次性测试，而应贯穿于整个教学过程，通过定期的评价反馈，帮助学生及时了解自己的进步和不足，从而促进学生的持续发展。

（三）可操作性

在体育教学评价标准的制定过程中，可操作性不仅关系到评价标准的实施效果，还直接影响教师和学生对评价的接受度和满意度。

评价标准应设计得简洁明了，易于理解和执行。这意味着评价指标和方法需要具体、明确，避免模糊不清或过于复杂，使得教师和学生都能够迅速把握评价的要点。

评价工具和方法的选择应基于评价标准的有效性和实用性。评价工具应当能够准确反映学生的学习成果，同时评价方法要易于操作，不会给教师和学生带来过重的负担。例如，体能测试可以使用标准化的测试仪器和程序，以确保评价的准确性和一致性。

评价标准的可操作性还体现在其灵活性上。评价体系应当能够适应不同学校、不同年级和不同学生的具体情况。这意味着评价标准在保持一定统一性的同时，也要允许一定的灵活性，以适应多样化的教学需求和学生特点。

为了提高评价标准的可操作性，还应考虑评价的便捷性。评价过程不应过于烦琐或耗时，以免影响正常的教学进度。同时，评价结果的反馈应当及时，以便学生能够迅速了解自己的学习情况，及时调整学习策略。

二、制定体育教学评价标准的步骤

（一）明确评价目的

在制定体育教学评价标准的过程中，明确评价目的作为首要步骤，对于整套评价体系的构建至关重要。评价目的的确定直接影响评价指标的选择、评价方法的制定，以及评价结果的应用。

评价目的的确定需要基于体育教学的整体目标。体育教学旨在培养学生的身体素质、运动技能、团队合作精神及公平竞争意识等多个方面。因此，评价目的的设定应与这些教学目标相协调，确保评价能够全面反映学生的学习成果。

评价目的应当具体明确。在实际操作中，评价目的可能包括但不限于以下几个方面：学生的体能水平、特定运动技能的掌握程度、学习态度和参与度、团队合作能力、心理素质、健康意识等。评价目的的具体化有助于教师和学生明确评价的重点，提高评价的针对性和有效性。

评价目的的确定需要考虑学生的个体差异。不同的学生可能在体能、技能、兴趣等方面存在差异，评价目的应当能够体现这种差异性，允许对学生进行个性化的评价。例如，对于体能较好的学生来说，评价可能更侧重技能的提高；而对于体能较差的学生来说，评价可能更注重体能的增强。

为了提高评价的可操作性，评价目的的确定应考虑评价的可行性。评价工具和方法的选择应当与评价目的相匹配，确保评价过程的顺利进行。同时，评价工具和方法应当易于操作，不会给教师和学生带来过重的负担。

（二）梳理教学内容

在制定体育教学评价标准的过程中，梳理教学内容是关键的一步，它直接关系到评价标准的准确性和实用性。这一步骤要求教师对教学大纲和课程要求有深入的理解，并据此确定评价的重点和关键点。

梳理教学内容要求教师对体育课程的教学大纲进行细致的分析。教学大纲通常包含课程的教学目标、教学内容、教学方法和教学进度等信息（表3-1）。教师需要根据大纲的要求，明确课程的教学重点，包括哪些体育技能、体能素质、理论知识等是必须掌握的。

教师需要根据教学内容确定评价的关键点。这些关键点应当是教学内容中的核心部分，对学生的体育学习和身体发展具有重要意义。

梳理教学内容要求教师考虑学生的实际情况。不同年级、不同水平的学生，其学习的重点和难点可能存在差异。教师应当根据学生的具体情况，有针对性地确定评价的内容，确保评价能够真实反映学生的学习情况。

表3-1 体育课程教学大纲

教学大纲要素	具体内容	评价关键点	学生实际情况
教学目标	提高学生体育技能、体能素质和理论知识	技能掌握程度、体能素质提升、理论知识理解	学生年级、水平、兴趣
教学内容	体育技能（如篮球运球、投篮、防守）、体能训练（如力量、速度、耐力）	技能掌握、体能提升	学生技能基础、体能现状
教学方法	理论讲授、实践操作、小组讨论、视频分析等	教学方法的有效性	学生接受能力、参与度
教学进度	课程的阶段性目标和时间安排	进度的合理性	学生学习进度、反馈

为了提高评价的科学性和有效性，梳理教学内容应当考虑评价的可行性。评价工具和方法应当与教学内容相匹配，确保评价过程的顺利进行。同时，评价工具和方法应当易于操作，不会给教师和学生带来过重的负担。

评价内容的梳理还应当具有一定的灵活性和适应性。随着教学内容的更新和学生需求的变化，评价的重点和关键点也应当适时调整，以适应新的教学环境。评价内容的灵活性和适应性有助于评价体系的持续优化和改进。

（三）建立评价指标

在制定体育教学评价标准的过程中，建立评价指标是核心环节，它决定了评价的方向和深度。评价指标的设定应紧密结合评价目的和教学内容，旨在通过定量和定性的方式全面衡量学生的体育学习成果。

评价指标的建立需要明确区分定量和定性。定量指标通常涉及可测量的数据（如跑步时间、跳远距离等），它们便于量化和比较，可以直观地反映学生的体能和技能水平。而定性指标则关注学生的运动态度、团队合作精神、创新能力等非量化方面，它们更多地依赖于观察和描述，有助于深入了解学生的综合素质。

评价指标应当具有针对性和可操作性。这意味着指标的设定既要与教学目标和内容相匹配，又要便于教师和学生进行实际操作。例如，对于篮球运动技能的评价，可以设定运球技巧、投篮准确度等具体指标，这些指标既明确又易于观察和测量。

评价指标的建立应考虑学生的个体差异。不同的学生在体能、技能、兴趣等方面存在差异，评价指标应当能够适应这种多样性，允许对学生进行个性化的评价。这不仅有助于激发学生的学习动力，还能促进学生的全面发展。

评价指标的建立过程还应采纳教师、学生和家长的意见和建议。通过广泛的讨论和论证，形成一套既符合教学要求又得到各方认可的评价指标，有助于提高评价的接受度和有效性。

（四）设计评价工具

在体育教学评价体系中，评价工具的设计需要确保评价过程的科学性、规范性，以及可操作性，以便于教师准确、高效地进行评价。

评价工具的设计应与已建立的评价指标紧密相连。每种评价指标都应有相应的评价工具来支持其测量和评估。例如，对于体能素质的定量评价，可以设计具体的测试题目，如计时跑、立定跳远等；而对于技能水平的评价，可以设计技能展示或模拟比赛等活动。

评价工具应包含清晰的指导说明和操作步骤，以确保教师和学生都能正确理解和使用。这包括如何进行测试、如何记录数据、如何根据表现进行评分等。清晰的指导说明有助于减少评价过程中的误差，提高评价的准确性。

评价工具的设计还应简便易行，避免过于复杂或耗时。这不仅有助于减轻教师和学生的负担，还能确保评价过程的顺利进行。同时，评价工具应具有一定的灵活性，以适应不同教学环境和学生的个体差异。

评价工具的设计应采纳教师、学生和家长的意见和建议。通过广泛的讨论和反馈，可以不断优化评价工具，提高其适用性和有效性。同时，透明的评价工具设计有助于增强评价的公信力，促进各方对评价结果的接受和认可。

（五）实施评价

实施评价是体育教学评价标准制定过程的最终阶段，它涉及将之前制定的评价标准和工具应用到实际教学中，以此来衡量和反馈学生的学习成果。

实施评价需要在教学过程中有计划地进行。这意味着评价不仅发生在学期末或特定的测试时刻，还应贯穿于整个教学周期。通过定期的评价，教师可以持续监控学生的学习进度，及时调整教学策略以满足学生的需要。

评价的实施应严格依据之前制定的评价标准和工具。这要求教师熟悉每项评价指标和相应的评价方法，确保评价的一致性和准确性。评价过程中收集的数据应被详细记录，以便于后续的分析和反馈。

评价的实施应注重学生的个体差异。每名学生都有其独特的学习路径和成长速度，评价时应考虑这些差异，给予学生个性化的反馈。这有助于学生认识到自己的优势和需要改进的地方，从而更有针对性地进行学习和训练。

评价的实施还应保证其公正性和透明性。所有的评价标准、工具和过程都应向学生和家长公开，确保评价的客观性和可信度。透明的评价过程有助于建立学生和家长对学校教学和评价工作的信任。

三、体育教学评价标准的应用

（一）指导教学实践

体育教学评价标准的应用是确保教学活动有效进行的关键环节。评价标准不仅为教师提供衡量学生学习成果的工具，还能指导教师的教学实践，帮助他们更有效地实现教学目标。

评价标准的应用能够帮助教师全面了解学生的学习状况。通过定期的评价，教师可以掌握学生在体能、技能、心理等多个方面的发展情况，从而对学生的个体差异和需求有更深入的认识。

评价标准的反馈信息可以促进教师及时调整教学方法和内容。当评价结果显示学生在某些方面存在普遍的问题或不足时，教师可以有针对性地调整教学策略，如增加某项技能的训练、改进教学方法或增加相关的理论知识讲解。

评价标准的应用还能提高教学的个性化水平。教师可以根据评价结果，为不同水平和特点的学生提供个性化的指导和帮助，从而满足每名学生的学习需求，促进学生的全面发展。

评价标准的应用还能够激发学生的学习动力。当学生通过评价看到自己的进步时，他们的学习积极性和自信心会得到增强。同时，评价结果的反馈也能让学生了解自己的不足，从而更有针对性地进行学习和训练。

评价标准的应用要与学校的教学管理和评价体系相结合。学校应建立科学的评价体系，为教师提供必要的支持和指导，同时要建立合理的激励和约束机制，确保评价标准的公正、有效执行。

（二）促进学生全面发展

体育教学评价标准的综合应用不仅关注学生的体育技能和体能素质，也重视心理素质和社交能力的提升，旨在培养学生的全面素质。

综合评价标准通过全面考量学生在体育活动中的多方面表现，帮助学生认识到自己在不同领域的优势和不足。这种全面性的评价鼓励学生在体能、技能、心理等多个层面上追求进步，从而促进其体育素质的全面提升。

评价标准的综合应用有助于学生形成积极的学习态度和自我提升的动力。当学生意识到评价不仅限于技能掌握，还包括学习态度、团队合作和公平竞争等方面时，他们可能更加积极参与体育活动，培养良好的运动习惯和健康的生活方式。

综合评价标准的应用促进学生心理素质的培养。通过体育活动中的竞争、合作和挑战，学生可以学习如何面对压力、克服困难和处理挫折，这些都是心理素质的重要组成部分。

评价标准的综合应用还鼓励学生发展社交技能。体育活动通常需要团队合作，评价标准可以包含团队精神、合作态度等社交技能的评价，从而激励学生在团队中发挥作用，提升社交能力。

评价标准的综合应用要与家庭和社区资源相整合。学校可以与家长和社区合作，共同为学生提供更广泛的体育活动和竞赛机会，让学生在更广阔的平台上展示自己的能力，实现自我价值。

（三）评价教育教学质量

体育教学评价标准在评价教育教学质量方面不仅为教师提供了衡量学生学习成效的工具，也是学校评估和提升教学水平的重要参考。

评价标准能够为教育质量提供一个量化的视角。通过具体的评价指标和工具，学校可以收集关于学生体能、技能、态度等方面的数据，这些数据可以作为评价教学成效的客观依据。

评价标准的实施结果可以帮助教师了解自己的教学效果。如果学生在某些评价指标上普遍表现不佳，这提示教师可能需要调整教学方法或增加某些教学内容。反之，如果学生在大部分指标上都表现良好，这表明教师的教学方法是有效的。

评价标准的应用还可以促进教学方法的创新。为了更好地满足评价标准，教师可能会探索新的教学策略（如采用更多互动式、体验式的教学方法），或者引入新的技术工具来辅助教学。

评价标准还可以作为学校教学管理的依据。学校可以根据评价结果来制订或调整教学计划，优化课程设置，甚至作为教师绩效评估的一部分。这种基于数据的管理方式可以提高教学管理的科学性和有效性。

评价标准的制定和应用还应考虑学生的个体差异和特殊需求。学校和教师应努力创造一个包容性的学习环境，确保每名学生都能在评价过程中得到公正对待，并从教学中获得最大的收益。

第三节 如何确保评价内容的客观性和公正性

在体育教学中，评价是对学生学习成果的量化和总结，是促进学生发展的重要环节。为了确保评价内容的客观性和公正性，教师需要遵循一系列原则和方法。

一、明确评价标准，公开评价流程

（一）明确评价标准

在体育教学领域，建立公开透明的评价流程对于确保评价的公正性和客观性至关重要。为了实现这一目标，首先要制定明确的评价标准。这些标准不仅需要全面覆盖体育教学的各个方面（如体能、技能、态度和团队合作），而且应该与教学目标紧密相连，确保评价结果能够真实反映学生的学习成果。

评价标准应当具体到可以量化和衡量的程度，以便于实施和比较。例如，体能可以通过跑步时间、跳远距离等具体数值来衡量；技能可以通过完成特定动作的准确性和流畅性来评估；态度可以通过学生的课堂表现、参与度和对规则的遵守情况来观察；团队合作则可以通过学生在团队活动中的互动和协作效果来评价。

评价标准的制定应遵循透明性原则，即所有相关方（学生、家长，以及教师）都应清楚了解这些标准。这可以通过在课程开始时就明确传达评价标准，以及在整个教学过程中不断回顾和强调这些标准来实现。

教师应定期根据教学内容的更新、学生需求的变化，以及体育教学的最新趋势进行审查和调整。这有助于确保评价标准始终与教学目标保持一致，同时能够适应不同学生的发展水平。

评价标准的制定和执行需要教师具备高度的专业素养和公正性。教师应以客观、公平的态度来应用这些标准，避免任何形式的偏见和歧视，确保每名学生都能在公平的环境中得到评价。

（二）公开评价流程

在体育教学中，公开评价流程对于保证评价的公正性和透明度至关重要。这意味着所有涉及评价的环节（如评价的时间安排、地点选择、所采用的评价方法，以及评分的具体标准），都应当对所有相关方保持透明。

公开评价流程可以让学生和家长提前了解即将进行的评价活动，从而减少因信息不对称产生的误解或疑虑。透明的评价流程还有助于建立起家长和学生对学校体育教学及评价体系的信任，这对于激发学生的学习动力和参与热情具有积极作用。

在实际操作中，教师可以通过多种方式来公开评价流程。例如，教师可以在课程开始时就向学生介绍整个学期的评价计划，包括各项评价的时间节点、评价的具体内容，以及评分方法。

公开评价流程还意味着评价的实施过程应当允许一定程度的监督和反馈。例如，教师可以在评价活动结束后，向学生和家长提供评价结果的详细解释，包括评分的依据、学生表现的亮点，以及需要改进的地方。同时，教师应鼓励学生和家长提出意见和建议，以不断优化和改进评价流程。

值得注意的是，公开评价流程并不意味着无差别地公开所有信息。在涉及学生个人隐私和敏感数据时，教师应当遵守相关的隐私保护规定，采取适当的保护措施。

（三）家长参与

家长在体育教学评价过程中的参与是不可或缺的，他们的见解和信息对于构建一套全面、公正的评价体系至关重要。家长对孩子在家的运动习惯、健康状况，以及情绪变化有着第一手的了解，这些信息对于教师来说是宝贵的，可以帮助教师更准确地评估学生在体育课中的表现和进步。

家长的参与不仅限于提供信息，他们还可以通过多种方式积极参与到评价过程中。例如，家长可以观察孩子参与体育活动的态度和行为，并将这些观察反馈给教师。家长也可以参与到学校组织的体育活动中，见证孩子的表现，从而更全面地理解孩子在体育运动方面的发展。

为了促进家长的有效参与，学校和教师应当建立开放的沟通渠道，鼓励家长提出意见和建议。这可以通过定期的家长会、电子邮件、学校网站公告或者社交媒体平台来实现。通过这些渠道，家长可以及时了解学校体育教学的最新动态，包括评价标准、评价流程，以及孩子的学习进展。

同时，教师应当向家长清晰地解释评价体系和标准，确保家长理解评价的目的和方法。这有助于家长更好地支持孩子的学习，也增加了评价过程的透明度。

家长的参与还有助于提升评价的公正性。当家长了解评价过程并参与其中时，他们可以作为第三方监督评价的公正执行，减少评价过程中可能出现的偏见和不公。

然而，家长的参与应当适度，避免过度干预。学校和教师需要平衡家长的期望和学生的实际表现，确保评价结果的客观性和公正性。

二、避免个人偏见

在体育教学评价中，教师必须确保评价过程的客观性和公正性。个人偏见和情绪因素可能会对评价结果产生不利影响，因此，教师需要采取一系列措施来避免这些问题。

(一) 自我反思和自我意识

教师在体育教学评价中保持客观性的重要性不言而喻。要实现这一目标，自我反思和自我意识的培养是关键的第一步。教师必须认识到个人偏好、预设立场或情绪波动都可能对评价结果产生影响。通过自我反思，教师可以识别这些潜在的偏见，并采取措施来减少它们对评价过程的干扰。

自我反思的过程涉及对教师个人信念、价值观和态度的深入审视。这可能包括对评价标准的一致性、对不同学生群体的公平对待，以及对评价情境下情绪反应的监控。例如，教师发现自己对某个学生群体有不自觉的忽视，可以调整评价方法，确保所有学生都按照相同的标准被评价。

教师应培养对评价情境下情绪反应的意识。情绪状态（如愤怒、失望或快乐）可能无意识地影响评价的公正性。因此，教师需要学会在情绪波动时暂停评价，直到能够以平静和客观的心态进行评价。

自我意识包括对评价过程中可能出现的无意识偏见的认识。例如，教师可能没有意识到自己在评价时受到了学生外貌、性别或社会经济背景的影响。通过持续的自我教育和对评价实践的批判性思考，教师可以提高对这些偏见的警觉性，并采取措施来减少它们的影响。

自我反思和自我意识的培养是一个持续的过程。教师应定期回顾自己的评价实践，评估是否存在偏见的迹象，并根据反馈进行调整。通过这种持续的自我提升，教师可以不断提高评价的客观性和公正性，从而更好地服务于学生的发展和体育教学的整体质量。

（二）持续的专业发展

通过参与研讨会、工作坊和培训课程等活动，教师能够不断更新自己的教学理念，学习新的教学和评价方法，从而更有效地识别和减少评价过程中的潜在偏见。

专业发展活动可以帮助教师了解评价理论的最新进展，包括多元智能理论、形成性评价和总结性评价的区别，以及如何通过评价促进学生的全面发展。这些活动还能提供实际案例和策略，帮助教师在面对不同学生群体时，如何保持评价的一致性和公正性。

在专业发展过程中，教师可以学习如何使用各种评价工具和技术，如在线评分系统、学生反馈机制，以及自我评价和同伴评价的方法。这些工具和技术可以帮助教师更客观地收集和分析评价数据，从而减少个人偏见的影响。

专业发展活动还为教师提供了与其他教育工作者交流和分享经验的机会。通过讨论和交流，教师可以获得新的视角，了解其他教师是如何处理评价中的偏见问题的。这种同行之间的学习和支持对于教师的专业成长至关重要。

（三）明确和一致的评价标准

在体育教学评价中，确保评价标准的明确性和一致性对于减少个人偏见至关重要。通过设定清晰、具体且可量化的评价标准，教师可以为所有学生提供公平的评价环境。

明确的评价标准意味着学生和教师都清楚知道如何衡量成功。如果体能测试包括跑步，那么完成的时间或达到的距离应作为评价的具体标准。这种明确性有助于学生了解他们需要实现的目标，同时减少了教师在评价时的主观判断。

一致性则要求教师在评价所有学生时使用相同的标准。这意味着无论学生的背景如何，他们的表现都应以相同的尺度来衡量。一致性有助于建立一套公平的评价体系，确保每名学生都有平等的机会展示他们的能力和进步。

为了实现这一目标，教师需要制定一套全面的评价体系，涵盖体能、技能、态度和团队合作等多个方面。这些标准应当与教学目标相一致，并且能够反映学生在体育活动中的综合表现。

评价标准的制定应基于对学生体育发展规律的深入理解，考虑不同年龄和能力水平学生的特点。这样评价标准才能更贴合学生的实际，更具有指导意义。

教师还应定期审查和更新评价标准，以确保它们与当前的教学目标和学生需求相匹配。这种持续的评估和调整有助于保持评价体系的活力和相关性。

（四）客观数据的使用

在体育教学评价中，客观数据（如通过计时器记录的跑步时间或计数器记录的重复次数）提供一种量化学生表现的方式，从而减少评价过程中的主观性。

使用客观数据的首要优势在于其可测量和可验证的特性。这些数据为教师提供了一种标准化的方法来评估学生在体育活动中的表现，如速度、力量、耐力和技巧等。因为这些数据是实际记录的结果，它们不受教师个人情感或偏见的影响，确保了评价的一致性和可靠性。

客观数据有助于学生了解自己的进步和需要改进的地方。当学生看到自己的成绩以数字形式呈现时，他们可以更清晰地认识到自己的优势和劣势，并据此设定具体的学习目标。

为了充分利用客观数据，教师需要确保所使用的测量工具是准确的，并且测量方法符合体育评价的标准。例如，使用校准过的计时器和计数器，以及确保所有测试都在相同的条件下进行，都是保证数据客观性的重要措施。

同时，教师应当在评价前对学生进行适当的培训，确保他们了解如何正确地完成测试。这不仅可以提高测试的安全性，还可以帮助学生更好地展示他们的能力。

在收集客观数据的同时，教师应注意数据的记录和分析。准确记录每名学生的数据，并定期进行分析，帮助教师监测学生的学习进展，并及时调整教学策略。

虽然客观数据在体育评价中非常有用，但它们并不能涵盖评价的所有方面。教师还需要结合学生的参与度、团队合作精神和运动态度等其他因素进行综合评价。

第四节 评价内容与标准的调整与更新

体育教学评价是体育教学工作中的重要环节，对学生的身体素质、运动技能和综合能力进行客观评价，有助于指导学生的学习和发展。随着信息技术的发展和全球化的影响，教育领域也在不断变革。传统的体育教学评价内容和标准可能无法完全适应当今社会的需求与学生的发展特点。因此，对体育教学评价内容与标准进行调整与更新，是推动教育创新和提高教学质量的必然要求。

一、调整与更新的内容

（一）基于素质教育理念

体育教学评价的调整与更新应当基于素质教育的理念，从单一的技能和成绩评价转变为全面关注学生的身心健康、团队合作能力、创新意识等综合素质。这种转变意味着评价体系需要更加人性化、多样化，并且能够适应不同学生的发展需求。

评价体系应当重视学生的身心健康。在体育教学中，除了培养学生的体能和运动技能外，还应关注学生的情感体验和心理健康。评价时，可以考查学生在体育活动中的情绪表达、应对压力的能力，以及对身体健康的自我管理。

团队合作能力是现代教育中不可或缺的一部分。体育活动中的团队项目（如篮球、足球、排球等）为培养学生的团队精神提供了良好的平台。在评价中，教师可以观察学生在团队中的角色扮演、沟通协调能力，以及对团队贡献的态度。

创新意识的培养也是素质教育的重要组成部分。体育教学不应仅限于传统的运动项目，还应鼓励学生尝试新的运动方式，探索个性化的健身方法。评价时，可以关注学生在体育活动中的创造性表现，如自创游戏、改进运动技巧等。

评价体系还应包含对学生责任感、公平竞争意识、体育道德等方面的考查。这些非技能因素对于学生的全面发展同样重要，但在传统的体育教学评价中往往被忽视。

（二）多元化评价方式

在体育教学中，多元化的评价方式是实现全面了解学生学习情况和发展水平的关键。传统的评价方法（如笔试和体育成绩评定）虽然在一定程度上能够反映学生的体育知识和技能水平，但往往忽略了学生的个性特长、创新能力，以及实践表现等其他重要方面。因此，引入多元化的评价方式对于促进学生的全面发展具有重要意义。

学科竞赛可以作为评价学生体育能力的一种方式。组织各类体育竞赛（如田径、游泳、球类等）不仅可以激发学生的参与热情，还能够在竞技中考查学生的运动技能、战术运用和心理素质。竞赛成绩可以作为评价学生体育能力的一个重要参考。

实践表现是评价学生体育学习效果的另一个重要方面。在体育课上，教师可以通过观察学生的日常表现（如出勤率、课堂参与度、团队合作精神等）来评价学生的体育态度和行为习惯。学生在体育活动中的领导能力、组织能力和解决问题的能力也是评价的重要内容。

个性特长的评价可以更好地体现学生的个性化发展。每名学生都有自己独特的体育兴趣和特长，通过评价学生的特长项目，可以鼓励学生发挥自己的优势，增强自信心。同时，有助于发现和培养体育人才。

为了实现多元化评价，体育教学评价体系需要与现代信息技术相结合。利用运动追踪设备、在线评价系统等技术手段，可以更加客观、准确地记录和分析学生的体育表现，为评价提供科学依据。

评价结果的反馈和应用是多元化评价方式的关键。教师应将评价结果及时、全面地反馈给学生，帮助他们了解自己的优势和不足，并根据评价结果调整学习策略。同时，学校和教师应根据评价结果，为学生提供个性化的指导和帮助，促进每名学生的个性化发展。

（三）强调个性化评价

每名学生都有独特的个性、兴趣和才能，以及不同的学习需求和发展目标。因此，在体育教学评价中，评价体系应当能够适应学生的个性化需求，提供定制化的评价和指导。

个性化评价的首要任务是识别和尊重学生的个性差异。教师应通过观察、交流和评估，了解每名学生的身体条件、运动技能、兴趣偏好，以及学习动机等，从而为每名学生制订个性化的评价标准和教学计划。

在评价过程中，教师可以采用多种评价工具和方法以全面收集学生的体育表现信息。这些信息不仅包括学生的体能和技能水平，还包括学生在体育活动中的态度、合作精神、创新能力等非技能因素。

个性化评价还应注重学生的自我发展。教师应鼓励学生参与评价过程，通过自我评价来认识自己的优势和不足，制订个人的学习目标和改进计划。同时，教师应根据学生的自我评价结果，提供个性化的反馈和建议，帮助学生制定合理的学习策略。

个性化评价还应关注学生的情感体验和心理健康。在体育教学中，教师应关注学生的情感反应，如参与体育活动的兴趣、对挑战的态度、对失败的应对等。通过评价学生的情感体验，教师可以更好地理解学生的内心世界，提供更有针对性的心理支持和指导。

（四）教师评价能力提升

在体育教学评价内容与标准不断调整与更新的背景下，教师作为评价过程的直接执行者，其评价能力的高低直接影响到评价结果的科学性、客观性和有效性。因此，学校和教育管理部门需要采取多种措施，加强师资培训，全面提高教师的评价水平和能力。

学校应定期组织体育教师参加专业培训，学习现代教育理念和评价理论。通过培训，教师可以了解最新的教育评价发展趋势，掌握多元化、个性化评价的方法和技巧。同时，教师可以学习如何运用现代信息技术（如运动追踪设备、在线评价系统等），提高评价的准确性和便捷性。

学校应建立教师评价能力提升的长效机制。可以通过建立评价研究小组、开展评价交流活动、提供评价指导和咨询等方式，为教师提供持续的专业支持。同时，学校可以通过评价成果的展示和分享，激发教师的评价热情，形成良好的评价文化氛围。

为了提高教师的评价能力，教育管理部门也应发挥作用。可以通过制定评价标准、评价指南等，为教师提供明确的评价依据。同时，教育管理部门可以通过评价督导、评价质量监测等方式，确保评价的科学性和客观性。

提高教师的评价能力需要教师自身的努力。教师应树立终身学习的理念，不断更新自己的评价知识和技能。同时，教师应具备开放的心态，愿意接受新的评价理念和方法，不断探索和创新。

二、调整与更新的意义

在教育领域，评价体系的调整与更新不仅是针对现有教学方法的改进，更是一种对教育目标和价值观的深刻反思。

（一）促进学生全面发展

传统的体育教学评价往往侧重学生的体能和技能表现，而忽视了学生的身心发展、情感态度、社交能力等其他重要方面。通过调整与更新评价内容和标准，可以更全面地关注学生的多方面发展，从而有利于培养学生的综合素质。

新的评价体系将学生的身心健康纳入考量，鼓励学生参与体育活动，提高自我保健意识，培养学生面对压力和挑战的韧性；评价学生在体育活动中的情感体验（如对体育活动的兴趣、对团队合作的态度、对竞争的公平性认识等），有助于培养学生的积极情感和价值观；通过观察学生在团队运动和合作项目中的表现，评价学生的沟通交流、协作解决问题的能力，有助于学生在未来社会中更好地适应和交流。

（二）推动教育教学创新

评价体系的调整与更新是对传统教育模式的挑战，它要求教师更新教学理念，探索更符合学生发展需求的教学方法。

鼓励教师采用多样化的教学方法（如探究学习、项目式学习等），以适应不同学生的学习风格和需求；更新课程内容，引入新兴的体育项目和健康理念，使体育教学更加贴近学生的生活实际和兴趣点；利用信息技术（如在线学习平台、运动数据分析等），提高教学的互动性和个性化水平。

（三）提高教学质量

科学、全面的评价体系能够帮助教师更准确地了解学生的学习情况，从而提供更有针对性的教学指导。

建立有效的反馈机制，将评价结果及时传达给学生和家长，帮助他们了解学生的进步和需要改进的地方；根据评价结果调整教学策略（如增加某项技能的训练、调整课堂活动的比例等），以提高教学的针对性和有效性；将评价视为一个持续的过程，鼓励教师不断反思和改进教学实践，以实现教学的持续改进和发展。

第四章

运动训练中的评价与反馈

第一节 运动训练中评价的意义与目的

运动训练中的评价是一个复杂而多维的过程，它对于运动员的发展、教练员的教学计划，以及整个训练过程的优化都具有极其重要的意义。

一、评价的意义

（一）监测运动员的进步

在运动训练中，对运动员的表现进行评价是一项至关重要的工作。这种评价不仅能够持续追踪运动员的进步，而且对于教练员来说，它提供了一种工具，用以了解训练计划的有效性，并据此做出必要的调整。通过定期的评价，可以确保训练计划与运动员当前的发展阶段相匹配，从而获得最佳训练效果。

评价的主要作用之一是提供反馈。这种反馈对于运动员来说是一种激励，可以帮助他们认识到自己在哪些方面做得好，在哪些方面还有待提高。对于教练员而言，评价结果则是调整训练策略的依据。例如，评价结果显示某位运动员在力量训练方面取得了显著进步，但耐力方面仍有所欠缺，教练员可能会决定增加耐力训练的比重。

评价还能帮助预防过度训练和运动伤害。通过对运动员的体能状态、技术表现和恢复情况进行监控，教练员可以及时发现潜在的问题，并采取措施进行干预。这不仅有助于保护运动员的身体健康，也能避免因伤缺训导致的训练中断。

评价还可以作为运动员个人发展的参考依据。通过了解自己在各项技能上的强弱项，运动员可以更有针对性地进行训练，提高自己的竞技水平。同时，评价能够帮助运动员建立自信心，因为它提供了一个量化的、客观的衡量自己进步程度的方式。

在实施评价时，教练员应该采用多元化的方法，包括定量和定性的评价手段。定量评价可以提供明确的数据支持，如通过测试运动员的速度、力量、耐力等具体指标；定性评价可以提供更深入的洞察，如对运动员的技术动作、战术理解、比赛态度等方面的评价。

（二）激励与动机

在运动训练领域，定期进行的评价不仅是一种衡量运动员表现和进步的手段，更是一种激励和动力的源泉。评价能够为运动员带来成就感，这种成就感是推动他们继续前进的强大动力。当运动员看到自己的努力在评价中得到体现时，他们会感到满足和自豪，这种感觉会进一步激发他们的积极性，促使他们更快投入到训练中去。

评价过程中的正面反馈对于运动员的动机具有显著的激励作用。当运动员在某些方面取得进步，尤其是在经过一段时间的艰苦训练后，教练员的肯定和表扬可以极大地提升他们的自信心。这种自信心是运动员持续保持高水平表现的关键因素之一。同时，评价能够帮助运动员明确自己的优势和潜力，让他们知道自己在哪些方面可以做得更好。

评价还能促进运动员之间的健康竞争。当运动员看到同伴在评价中取得好成绩时，他们会产生一种竞争意识，希望自己也能做得一样好，甚至更好。这种竞争意识可以激发他们的斗志，推动他们更加刻苦训练。

即使运动员在某次评价中表现不佳，评价结果也可以成为他们反思和学习的机会。通过分析评价结果，运动员可以了解自己在哪些方面存在不足，从而有针对性地进行改进。这种从失败中学习的过程，同样能够激发运动员的动机，促使他们不断进步。

在实施评价时，教练员应该注意评价的方式和频率。评价应该是建设性的，注重鼓励和激励，而不是批评和指责。评价的频率应该适中，既不能过于频繁，以免给运动员带来压力，也不能过于稀少，以免运动员失去动力。评价应该是个性化的，应该根据每名运动员的特点和需求进行。

（三）预防运动伤害

在运动训练中，评价运动员的身体状态和训练负荷是预防运动伤害的重要手段。通过系统性的评价，教练员可以对运动员的身体状况、训练强度、恢复情况等进行深入了解，及时发现可能的过度训练迹象或身体机能的异常，从而采取相应的预防措施。

评价可以帮助教练员监测运动员的生理和心理状态。例如，通过心率监测、血压测量、血液指标分析等生理指标的测定，可以评估运动员的疲劳程度和恢复情况。心理状态的评价也同样重要，通过问卷调查、访谈等方式，可以了解运动员的情绪、压力水平和动机等，这些都是影响运动表现和可能导致运动伤害的因素。

评价可以揭示运动员在技术动作上的不足。不规范的技术动作是运动伤害的常见原因之一。通过对运动员的技术动作进行细致的观察和分析，教练员可以发现潜在的技术缺陷，并及时指导运动员进行纠正，从而降低技术错误导致的伤害风险。

评价可以帮助教练员制订合理的训练计划。通过对运动员的体能、力量、速度、耐力等能力进行评估，教练员可以更准确地了解运动员的能力水平，从而设计出符合运动员个人特点的训练计划。合理的训练负荷是预防运动伤害的关键，过度的训练负荷会增加受伤的风险，而训练负荷不足会影响运动表现。

评价还可以作为运动员健康管理的一部分。通过定期的评价，教练员可以监测运动员的体重变化、营养状况、睡眠质量等，这些都是影响运动员健康和运动表现的重要因素。及时发现并解决这些问题，可以减少运动伤害的发生。

在实施评价时，教练员应该注意评价的全面性和连续性。评价不应该只关注某一方面，而应该全面考虑运动员的生理、心理、技术等多方面因素。同时，评价应该是一个持续的过程，应该定期进行，以便及时发现问题并采取行动。

（四）优化资源分配

在运动训练领域，资源分配的优化是提升训练效率和运动员表现的关键环节。评价结果在这一过程中为教练员和管理者提供了决策的依据，帮助他们更合理地分配有限的资源，如时间、设备、人力等。

评价能够揭示运动员在不同训练项目中的表现和需求，从而指导资源的分配。例如，评价显示某些运动员在速度训练上表现不佳，可能需要更多的时间和恰当的设备来进行针对性训练。相反，对于那些在某些领域已经表现出色的运动员，资源可以更多地分配到其他需要提升的领域。

评价能帮助识别训练计划中的不足，指导教练员调整训练内容和方法。通过分析评价数据，教练员可以发现哪些训练手段效果显著，哪些则不尽如人意，进而优化训练计划，提高训练的针对性和有效性。

评价还可以揭示不同运动员之间的差异，为个性化训练提供支持。每名运动员的体能、技能和心理素质都有所不同，评价结果可以帮助教练员了解这些差异，并据此分配不同的训练资源，以满足每名运动员的特定需求。

在资源分配中，时间是一个特别重要的因素。通过评价，教练员可以确定哪些训练环节需要更多的时间投入，哪些则可以相对减少。这样可以确保训练时间得到最有效的利用，避免在效果不明显的训练上浪费时间。

设备和场地的分配也同样重要。评价结果可以帮助教练员了解哪些训练设备使用频率高，哪些则较少使用，从而合理安排设备的使用和维护，确保训练的顺利进行。

除了训练资源的分配，评价结果还可以指导其他相关资源的分配，如营养补给、医疗支持等。通过对运动员的身体状况和训练负荷进行评价，教练员可以了解运动员的营养需求和可能出现的健康问题，从而合理分配营养和医疗资源。

二、评价的目的

（一）提高运动表现

在运动训练中，评价的核心目标是提升运动员的运动表现。评价过程能够揭示运动员在技术、体能、战术理解和心理素质等方面的具体表现，为教练员提供宝贵的信息，从而帮助他们制订更加精确和有效的训练计划。

评价能够帮助教练员识别运动员的强项和弱项。通过一系列的测试和观察，教练员可以了解哪些技能和能力是运动员已经掌握的，哪些是需要进一步提高的。例如，评价结果显示运动员在短跑项目中起跑反应迅速，但在耐力方面有所欠缺，教练员就可以有针对性地增加耐力训练的比重。

评价还能够为运动员提供反馈，帮助他们了解自己的表现。这种反馈对于运动员来说是极其重要的，不仅能够增强他们的自信心，还能够激发他们改进不足的动力。当运动员明白自己在哪些方面做得好，在哪些方面需要努力时，他们就能够更有目的地进行训练。

评价还能够促进运动员之间的公平竞争。通过客观的评价体系，教练员可以公正地评估每名运动员的表现，从而在选拔参赛队员、分配训练资源等方面做出更加合理的决策。这种公平性对于维护团队的和谐和提高训练效率都是至关重要的。

评价还能够提高训练的科学性。通过收集和分析评价数据，教练员可以更加科学地了解运动员的身体和心理状态，以及训练的效果。这种科学性不仅能够帮助教练员制订更加合理的训练计划，还能够帮助他们预测和预防可能产生的运动伤害。

（二）促进运动员的全面发展

在运动训练中，评价的目的是多方面的，不仅包括体能和技术的提升，还涉及心理素质、战术理解和团队合作等关键领域的成长。通过全面的评价体系，教练员可以更深入地了解运动员的综合能力，并据此制订全面的培养计划。

心理素质在现代竞技体育中扮演着越来越重要的角色。评价可以帮助教练员了解运动员在压力下的表现，以及他们的心理恢复能力和应对失败的态度。基于这些信息，可以开展有针对性的心理训练（如情绪管理、压力调适和自信心培养），以提高运动员的心理韧性。

战术理解是运动员智慧的体现，要求运动员能够快速分析比赛情况并做出决策。通过评价运动员对战术的掌握程度和应用能力，教练员可以发现他们在战术执行上的不足，并提供个性化的指导，帮助运动员增强战术意识，提高决策能力。

团队合作是集体项目中尤为关键的一环。评价可以帮助教练员观察运动员在团队中的角色定位、沟通能力和协作精神。通过团队合作的评价，教练员可以发现团队中潜在的问题（如沟通不畅或角色冲突），并采取措施进行改善。

评价还应该包括对运动员生活习惯和训练态度的考量。良好的生活习惯和积极的训练态度对于运动员的长期发展至关重要。通过评价，教练员可以鼓励运动员培养健康的生活习惯，如合理饮食、充足睡眠和避免不良嗜好。

（三）为竞赛做准备

评价在运动训练中尤其是在为竞赛做准备的过程中，能够为运动员和教练员提供关于运动员当前状态和潜在能力的深入洞察，从而帮助他们更有效地准备即将到来的比赛。

评价可以揭示运动员在特定竞赛环境下可能遇到的具体挑战。通过模拟比赛情境进行评价，教练员可以观察运动员在压力下的表现，了解他们在实际比赛中可能遇到的困难。这些信息对于制订有针对性的训练计划至关重要，可以帮助运动员提前适应比赛的紧张氛围，提高他们的心理韧性。

评价有助于识别运动员在技术、战术和体能方面的强项和弱项。教练员可以根据评价结果，为运动员设计个性化的训练方案，强化他们的优势，同时针对性地改进不足。这种定制化的训练方法可以最大限度激发运动员的潜力，提高他们在竞赛中的竞争力。

评价还可以作为运动员竞赛策略制订的依据。通过分析评价数据，教练员可以了解运动员在不同比赛阶段的表现，从而制订出更有效的比赛策略。例如，评价显示运动员在比赛的后半段容易疲劳，教练员可能会调整训练计划，以提高运动员的耐力和持久力。

（四）促进科学训练

评价在推动运动训练科学化和系统化方面通过提供量化的数据和定性的反馈，帮助教练员和运动员客观地衡量训练的成效，从而做出更加精准的训练调整。

评价能够确保训练目标的明确性和可衡量性。通过设定具体的评价标准和指标，教练员可以清晰地知道训练是否能达到预期的效果，运动员的进步是否符合既定目标。这种明确性有助于教练员制订更加精确的训练计划，避免盲目训练和资源浪费。

评价促进了训练内容的个性化。每名运动员的体能、技能和心理状态都有所不同，评价可以揭示这些差异，帮助教练员为每名运动员量身定制训练方案。这种个性化的训练方法可以最大化挖掘运动员的潜力，提高训练的效率和效果。

评价有助于监测运动员的健康状况和避免过度训练。通过定期的评价，教练员可以及时发现运动员的疲劳迹象和潜在的健康问题，从而调整训练强度和恢复策略。这种预防性的健康管理对于保护运动员的身体健康和延长运动生涯至关重要。

评价还可以提高训练的透明度和可追踪性。通过记录和分析评价数据，教练员可以追踪运动员的训练历程，评估不同训练方法的效果，从而不断优化训练计划。这种基于数据的训练方法使训练更加科学、系统。

第二节　训练计划的评估与调整

通过评估，教练可以全面了解运动员的训练情况，包括身体素质、技术水平、心理状态等方面的表现。评估可以帮助教练发现运动员存在的问题和不足，及时采取措施加以改进。同时，评估可以验证训练计划的有效性，指导教练对训练计划进行调整和优化，使训练更加科学合理。

一、评估方法

（一）生理指标评估

在体育运动训练中，对运动员的生理指标进行评估有助于监测运动员的身体状态和训练成效。生理指标的评估涵盖多个方面，包括但不限于体重、身高、心率、血压、肌肉力量和柔韧性等。这些指标的监测可以为教练员和运动员提供宝贵的信息，从而做出相应的训练调整。

体重和身高是评估运动员体型和身体成分变化的基础指标。通过定期测量，可以了解运动员的营养状态和体脂比例，进而调整饮食计划和训练强度。例如，体重下降过快，可能需要增加能量摄入；而体重增加过快，可能需要调整饮食结构或增加有氧训练。

心率和血压的监测对于评估运动员的心血管健康和训练负荷同样重要。静息心率的降低通常意味着运动员的心脏功能得到了增强，运动后的心率恢复速度则可以反映运动员的恢复能力和适应性。血压的监测有助于预防过度训练和心血管系统的潜在风险。

肌肉力量和柔韧性的评估则直接关系到运动员的运动表现。通过定期测试，可以量化运动员的力量增长和关节活动范围，这对于制订有针对性的力量训练和柔韧性训练计划至关重要。例如，如果某项运动需要特定的肌肉群发力，那么针对性的力量训练可以让运动员在该运动项目中表现得更好。

除了上述指标，还有一些高级的生理测试（如血乳酸浓度、血红蛋白含量和激素水平等），这些测试可以提供更深入的生理信息，帮助教练员更细致地调整训练计划。

（二）技术水平评估

技术水平评估是体育运动训练中一个关键的环节，它涉及对运动员在实际比赛中或训练中所展现的运动技能和表现进行细致的分析。这种评估不仅能够帮助教练和运动员识别技术动作中的优点和不足，还能为制订后续训练计划提供重要依据。

录像回放是一种常用的技术评估工具。通过观看比赛或训练的录像，教练可以慢动作分析运动员的每一个动作细节，从起跑到冲刺，从发球到接球，每一个环节都不放过。这样的细致观察有助于发现运动员可能未曾注意到的技术缺陷，如步伐移动、身体平衡、力量发挥等。

实际比赛表现是另一个评估技术水平的重要途径。比赛中的压力和对手的不同战术能够真实地反映出运动员技术水平的高低。通过分析比赛结果和运动员的场上表现，可以更全面地了解运动员在实战中的表现，并据此调整训练策略。

除了录像回放和比赛表现，还可以通过一些定量的测试来评估技术水平。例如，在某些运动项目中，可以通过测量运动员完成特定动作的时间、距离或次数来评估其技术水平。这些测试结果可以量化运动员的技能水平，为教练员提供明确的数据支持。

在评估过程中，教练员和运动员之间的沟通至关重要。教练员需要向运动员清晰地传达评估结果，并解释为何需要进行某些特定的训练调整。同时，运动员的反馈是评估过程中不可或缺的一部分，他们的自我感受和对训练的适应性都是评估的重要参考。

技术水平的评估不应仅限于发现问题，更重要的是提供解决方案。一旦发现技术动作中的问题，应立即制订相应的训练计划，通过模拟训练、重复练习和逐步改进来提高技术水平。技术水平的评估应该是一个持续的过程，随着运动员技能的提高和比赛环境的变化，评估和训练计划也应不断更新。

（三）心理状态评估

心理状态评估对于运动员的长期发展和即时表现都至关重要。它不仅涉及运动员的心理健康状况，还包括他们应对压力、恢复能力和竞技状态时的评估。通过一系列的心理评估工具，教练员和运动心理学家能够深入了解运动员的内心世界，从而提供个性化的心理支持和辅导。

问卷调查是一种广泛使用的心理状态评估方法，它可以帮助评估者收集有关运动员情绪状态、动机水平、压力感受和自信心等方面的信息。这些问卷通常包括标准化的量表［如POMS（profile of mood states）或者比赛焦虑问卷等］，它们能够量化运动员的心理状态，并与常模或其他运动员的情况进行比较。

心理测试则是另一种评估工具，它包括对运动员的认知能力、注意力集中、决策速度和应对策略等方面的测试。这些测试可以揭示运动员在高压环境下的心理反应模式，以及他们在面对挑战时的应对机制。

除了问卷和测试，观察法也是评估运动员心理状态的重要手段。教练员和心理专家可以通过日常训练和比赛中的观察，了解运动员的行为表现和情绪反应。运动员的非语言信号（如面部表情、身体语言和语音语调），都能提供其心理状态的线索。

在评估过程中，与运动员的沟通同样重要。通过开放式的对话，评估者可以更深入地了解运动员的内心感受和想法，这对于发现潜在的心理问题和制定干预措施至关重要。

一旦发现运动员存在心理状态上的问题（如过度焦虑、自信心不足或动力下降等），应立即进行心理辅导。这可能包括认知行为疗法、放松训练、正念冥想等技术，以帮助运动员改善他们的心理状态。

心理状态的评估和辅导应该是一个持续的过程。随着运动员经历不同的训练阶段和比赛周期，他们的心理状态也会发生变化。因此，定期进行心理状态评估，并根据评估结果调整训练计划和心理辅导策略，对于维持运动员的良好心理状态和提高竞技表现都是必不可少的。

二、调整的注意事项

（一）量力而行

在体育运动训练中，调整训练计划是一个动态且细致的过程，它要求教练员必须综合考虑运动员的个体差异、身体状态，以及训练目标。量力而行是调整训练计划时需要遵循的基本原则，旨在确保运动员的健康和安全，同时促进其运动技能的稳步提升。

教练员需要对运动员的身体状况有深入的了解，包括其体能水平、技能掌握程度，以及过往的伤病历史。这些信息对于制订个性化的训练计划至关重要。例如，对于刚刚从伤病中恢复的运动员，训练的强度和量应该适当降低，以避免伤病复发。

教练员应密切关注运动员的训练反应和恢复情况。通过监测运动员的训练负荷、睡眠质量、营养摄入及心理状态，教练员可以及时调整训练计划，确保运动员在避免过度疲劳的同时，能够获得最佳的训练效果。

教练员还需要考虑运动员的训练年龄和经验。对于新手运动员，训练计划应该注重基础体能的培养和技术动作的学习；对于经验丰富的运动员，则可以更多地关注战术理解和比赛经验的积累。

在调整训练计划时，教练员还应考虑运动员的个人目标和动机。每名运动员的动机和目标都是不同的，教练员需要与运动员进行充分的沟通，了解他们的需求和期望，从而制订出符合个人目标的训练计划。

教练员应该定期对训练计划的效果进行评估，包括运动员的身体反应、技能提升，以及比赛表现等。根据评估结果，教练员可以及时调整训练计划，确保训练的连续性和有效性。

（二）渐进式调整

在体育运动训练中，对训练计划进行调整是一项科学而细致的工作，需要遵循渐进式的原则来确保运动员能够安全地适应新的训练要求。这种逐步调整的方法有助于预防运动员因训练负荷突增而遭受的身体和心理不适，从而降低受伤风险并优化训练效果。

渐进式调整意味着训练负荷的增加应该是有序和可控的。教练员需要根据运动员的当前体能水平、技能掌握程度，以及恢复情况来决定每次训练强度提升的幅度。例如，如果运动员在最近的训练中显示出良好的适应性和恢复能力，那么可以适当增加训练的难度或量；反之，需要谨慎行事。

渐进式调整还涉及对训练内容的细致规划。教练员应该根据运动员的长期发展目标和短期训练目标，逐步引入新的技术动作或战术演练。这种逐步引入新内容的方法，可以帮助运动员在不感到过度压力的情况下，逐步掌握和完善新的技能。

渐进式调整还要求教练员密切关注运动员的生理和心理反应。通过定期的生理测试和心理评估，教练员可以及时了解运动员对当前训练负荷的适应情况，并据此做出适当的调整。这种持续的监测和反馈机制是确保训练计划科学性和有效性的关键。

值得注意的是，渐进式调整并不意味着训练负荷只能单向增加。在某些情况下（当运动员出现过度疲劳或小伤病时），适当减少训练强度或调整训练内容也是必要的。这种灵活调整的能力，反映了教练员对运动员个体差异的尊重和对训练过程复杂性的理解。

渐进式调整是一个长期的过程，需要教练员和运动员之间建立良好的沟通和信任。教练员应该向运动员清晰地解释每次调整的原因和目标，帮助他们理解训练计划的科学性和必要性。同时，运动员的反馈和建议是调整训练计划的重要参考。

（三）注重平衡

在体育运动训练计划的调整过程中，注重平衡是确保运动员全面发展的关键原则。一个全面的训练计划应该包含力量训练、有氧训练、技术训练，以及心理训练等多个方面，以促进运动员的身体素质、技能水平和心理素质的全面提升。

力量训练是提高运动员肌肉力量和爆发力的重要手段。通过合理的力量训练，运动员可以增强肌肉群，提高运动表现。然而，力量训练的强度和内容需要根据运动员的具体情况来定制，避免过度训练导致肌肉损伤。

有氧训练对于提高运动员的心肺功能和耐力至关重要。通过持续的有氧训练，运动员可以增强心血管系统的功能，提高长时间运动的能力。有氧训练的形式（如慢跑、游泳、骑自行车等）可以多样化，以适应不同运动员的喜好和需求。

技术训练是提高运动员运动技能的核心环节。通过反复的技术练习，运动员可以熟练掌握各种运动技巧，提高比赛中的表现。技术训练应该与力量训练和有氧训练相结合，以确保运动员在提高身体素质的同时，能够提升技术能力。

除了身体训练，心理训练也是现代体育运动中不可或缺的一部分。通过心理训练，运动员可以提高应对压力的能力，增强自信心和专注力。心理训练的方法（如放松训练、正念冥想、认知行为疗法等），可以根据运动员的个人特点来选择。

在调整训练计划时，教练员需要综合考虑各项训练内容的比重和安排。例如，对于耐力型运动的运动员，有氧训练可能占据更大的比重；对于技巧型运动的运动员，需要更多地关注技术训练。同时，力量训练和心理训练也应该根据运动员的具体情况来合理安排。

教练员还需要考虑运动员的恢复情况。在高强度训练后，运动员需要有足够的时间来恢复，以避免过度疲劳和运动损伤。因此，训练计划中应该包含充足的休息时间和恢复训练，如按摩、瑜伽、冷热交替浴等。

第三节　运动员的表现评价与记录

体育运动员的表现评价与记录是体育竞技中至关重要的部分，它不仅是对运动员个人能力的客观展示，也是对比赛结果和成绩的真实记录。在体育赛事中，评价和记录体现了公平竞技的原则，也是促进运动员个人进步和整体体育事业发展的重要手段。

一、重要性

体育运动员的表现评价与记录具有以下重要性。

（一）促进竞技水平提升

运动员的表现评价与记录对于提升竞技水平具有至关重要的作用。它为运动员提供了一个客观的反馈机制，使他们能够清晰地了解自己在训练和比赛中的表现。这种反馈是运动员自我提升的基础，因为它使他们能够认识到自己的弱项和需要改进的地方。

表现评价与记录可以帮助教练员制订更加科学和个性化的训练计划。通过分析运动员的表现数据，教练员可以准确地把握运动员的身体状况、技能水平和心理状态，从而为他们提供有针对性的指导和帮助。这种个性化的训练方法可以最大限度地提高训练效率，帮助运动员在短时间内取得较大的进步。

表现评价与记录可以激发运动员的内在动力。当运动员看到自己的进步被记录和认可时，他们会更加自信、更有动力，从而更加积极地投入到训练和比赛中。这种正向的激励机制对于培养运动员的职业精神和竞技态度具有重要作用。

同时，表现评价与记录可以为运动员的职业生涯规划提供重要参考。通过对运动员长期的表现进行跟踪和分析，教练员和运动员可以更加清晰地了解运动员的优势和潜力，从而做出更加合理的职业发展规划。这种长远的规划可以帮助运动员更好地实现自己的职业目标，提高职业竞争力。

此外，表现评价与记录还可以为体育科学研究提供宝贵的数据支持。通过对大量运动员的表现数据进行统计和分析，研究人员可以发现运动训练和竞技表现的规律，从而为运动训练理论和方法的创新提供科学依据。这对于推动整个体育领域的发展和进步具有重要意义。

（二）保障比赛公平性

在体育比赛中，运动员的表现评价与记录不仅确保了比赛结果的真实性和合法性，而且对于防止作弊和不正当竞争行为具有重要作用。

表现评价与记录提供了一种客观的衡量标准，使得比赛结果能够基于运动员的实际表现来判定。这种客观性减少了主观判断对比赛结果的影响，从而提高了比赛的公平性。通过精确的计分和记录，每名运动员的努力和成绩都能得到公正的评估。

表现评价与记录有助于建立一个透明的比赛环境。若所有运动员和观众都能清楚地看到比赛的评分和记录过程，则增加了比赛的透明度，减少了误解和争议的可能性。透明的记录过程可以增强所有参与者对比赛结果的信任，从而维护了比赛的公信力。

表现评价与记录是防止作弊行为的重要手段。在严格的记录和监督下，运动员和团队更难以进行不正当的行为，如服用违禁药品、操纵比赛结果等。记录的存在为比赛提供了一条可追溯的路径，使得任何不当行为都能被及时发现和纠正。

同时，表现评价与记录有助于维护比赛的合法性。在国际比赛中，准确的记录和评价是符合国际体育组织规则和标准的关键。这不仅关系到运动员的个人荣誉，也关系到国家和团队的声誉。合法的比赛结果能够增强国际社会对体育赛事的认可和尊重。

此外，表现评价与记录对于运动员的长期发展同样重要。它为运动员提供了一个公平竞争的平台，使他们能够在同等条件下展示自己的才能和努力。这种公平性鼓励运动员通过正当途径提升自己的技能和水平，而不是依赖于不正当的手段。

（三）为运动员个人发展提供参考

运动员的表现评价与记录在个人发展方面不仅提供了对当前技能和成绩的准确衡量，而且为他们的未来发展提供了宝贵的指导和参考。

通过定期的表现评价，运动员可以获得关于自己技能水平和进步情况的反馈。这种反馈是自我认知的基础，帮助运动员了解自己在哪些方面做得好，在哪些方面需要改进。这有助于他们设定更加具体和现实的目标，从而更有针对性地进行训练。

表现评价与记录可以帮助运动员和教练员一起制订个性化的训练计划。通过分析运动员的表现数据，教练员可以识别出运动员的强项和弱项，然后设计出能够最大限度激发运动员潜力的训练方案。这种定制化的训练方法可以更有效地提升运动员的表现，并帮助他们实现个人目标。

表现评价与记录可以作为运动员职业发展的参考。在体育领域，表现记录往往是评价一个运动员价值的重要标准。良好的表现记录可以增加运动员获得赞助、参加更高级别比赛，以及在体育界获得更好职位的机会。

表现评价与记录可以帮助运动员建立自信心。当运动员看到自己的进步和成绩被记录下来，他们会感到更加自豪和自信。这种自信心是推动运动员不断前进和挑战自我的重要动力。它鼓励运动员设定更高的目标，并为之努力。

表现评价与记录还可以作为运动员退役后转型的参考。在体育生涯结束后，运动员可以利用自己的表现记录来展示自己的成绩和能力，这有助于他们在其他领域找到工作或继续教育。良好的表现记录可以作为运动员个人品牌的一部分，帮助他们在退役后继续发挥影响力。

二、方法

评价与记录体育运动员的表现通常采用多种方法。

（一）数据统计

数据统计是评价与记录运动员表现的重要方法之一，它通过收集和分析运动员在训练和比赛中的具体数据，为教练员和运动员本人提供客观、可量化的表现反馈。这种方法的核心在于将运动员的表现转化为可量化的指标，从而便于比较和分析。

在田径比赛中，数据统计通常包括运动员完成特定距离的时间、跳远或跳高的纪录距离、投掷项目的最远距离等。这些数据可以直接反映出运动员的身体素质和技能水平，是评价运动员表现的基础。通过比较不同时间点的成绩，可以观察运动员的进步趋势，为训练计划的调整提供依据。

在篮球比赛中，数据统计更为细致，包括得分、篮板、助攻、抢断、盖帽等各项技术统计。这些数据不仅反映球员在场上的直接贡献，还能间接体现球员的团队协作能力和战术执行情况。例如，助攻数高的运动员通常具有良好的传球意识和团队合作精神，抢断数和盖帽数则可以体现运动员的防守能力。

除了上述直接的统计数据外，还有一些间接的统计方法〔如效率值（PER）、正负值等〕，它们通过综合多个统计数据，为运动员的全面表现提供一个量化的评分。这些综合评分可以帮助教练员和球队管理层更全面地评估运动员的表现，尤其是在团队运动中，它们可以揭示运动员对团队胜利的贡献程度。

数据统计的另一个重要应用体现在比赛分析中。通过分析运动员在不同比赛情境下的表现数据，可以发现运动员的优势和不足，从而制订有针对性的战术安排。例如，数据显示某名运动员在关键时刻的得分能力较弱，教练员可能会在战术上做出调整，以提高该运动员在关键时刻的得分机会。

数据统计还可以用于运动员的长期跟踪和评估。通过持续收集运动员的表现数据，可以建立运动员的表现档案，这不仅有助于运动员自我评估和目标设定，也可以作为教练员制订训练计划和运动员选拔的重要参考。

（二）视频回放

视频回放作为一种评价和记录运动员表现的方法，允许教练员和运动员以一种更为直观和细致的方式回顾比赛和训练中的每一个细节。这种方法特别适用于分析运动员的技术动作、战术执行，以及比赛中的决策过程。

视频回放使得教练员能够慢动作重放运动员的动作，从而对技术动作的准确性和效率进行精确评估。例如，在游泳或体操等项目中，通过视频分析，教练员可以观察运动员的身体姿势、动作连贯性，以及力量运用是否合理，然后提供具体的改进建议。

视频回放有助于揭示运动员在团队配合和战术执行方面的强项和弱项。在团队运动（如足球、篮球或排球）中，视频分析可以展示运动员与队友之间的配合情况，分析他们在特定战术下的站位、跑动和传球选择是否恰当。这种分析对于提升团队的整体表现和战术理解至关重要。

视频回放可以帮助运动员提高比赛的决策能力。通过回顾比赛中的关键时刻，运动员可以学习如何在压力下保持冷静，如何根据比赛的实际情况做出最佳选择。这种经验的积累对于提升运动员的比赛智慧和心理素质非常重要。

视频回放常用于模拟训练。教练员可以利用视频片段模拟比赛中可能出现的情景，让运动员在训练中练习应对策略。这种方法不仅增强了训练的针对性，也提高了运动员对比赛节奏的适应能力。

视频回放为运动员提供了一种自我学习和自我评估的工具。现代技术使得运动员可以自己录制训练视频，并利用各种软件工具进行分析。这种自我分析的过程有助于培养运动员的自主学习能力和自我改进意识。

通过系统地收集和分析运动员的比赛视频，可以发现运动表现的规律，为运动训练理论和方法的创新提供实证支持。

（三）专业评委评分

在众多体育项目中，专业评委的评分至关重要，尤其是对于那些需要艺术性和技术性综合评价的项目，如花样滑冰、体操、跳水等。评委的评分不仅直接影响比赛结果，而且为运动员提供了宝贵的反馈，帮助他们了解自身的表现，并指导未来的训练和改进方向。

专业评委通常由在特定体育项目中具有深厚知识和经验的专家担任。他们对运动员的技术执行、艺术表现、创新性，以及整体呈现等方面进行细致的评估。在评分过程中，评委会依据一套标准化的评分系统进行评分，该系统详细规定了各项评分标准和要求，确保评分的一致性和公正性。

评委评分的一个重要特点是它综合了客观和主观的元素。虽然技术动作的完成度可以通过是否达到特定标准来客观判断，但是艺术表现的评价更多地依赖于评委的主观感受。因此，评委需要具备高度的专业素养和审美能力，以确保评分的准确性和公正性。

评委评分对运动员的影响是多方面的。它为运动员提供了即时反馈，使他们能够在比赛中或比赛后立即了解自己的表现。这种反馈对于运动员调整策略、改进技术和提高表现至关重要。

评委评分也是运动员训练和准备比赛的重要参考。通过分析评委的评分，运动员和教练员可以识别出需要改进的领域，制订有针对性的训练计划。评委的评论和建议也是运动员学习和成长的重要资源。

评委评分还有助于提升运动员的心理素质。在高压力的比赛环境中，面对评委的评分，运动员需要学会如何保持冷静。

除了对运动员个人的影响外，评委评分也是推动整个体育项目发展的重要力量。通过评委的评分和评论，可以鼓励运动员追求更高的技术标准和艺术水平，促进体育项目的整体水平提升。

此外，评委评分也是体育比赛公正性的重要保障。在一些项目中，评委评分是决定比赛胜负的唯一标准，因此评委的专业性和公正性对于维护比赛的公平性和公信力至关重要。

（四）教练评估

教练评估是运动员表现评价体系中不可或缺的一环。作为与运动员日常训练和比赛最为亲近的人，教练员对运动员的技术、心理、战术，以及身体状况有着深刻的理解。教练评估不仅基于运动员在赛场上的表现，还包括训练中的点滴进步和挑战，从而为运动员提供了全面而深入的反馈。

教练评估能够帮助运动员识别和强化自身的优势。通过对运动员日常训练的观察，教练员能够洞察运动员在特定技能或战术上的独特优势，并提供策略来进一步发挥这些优势。同时，教练员能够指出运动员在哪些领域需要改进，从而帮助他们设定具体的训练目标。

教练评估在运动员的心理建设方面发挥着重要作用。教练员不仅关注运动员的体能和技术发展，还关注他们的心理状态和比赛态度。通过心理训练和情绪管理的指导，教练员帮助运动员建立起面对竞争和压力的韧性，这对于运动员在关键时刻保持冷静和专注至关重要。

教练评估涉及运动员的战术理解和运用能力。在团队运动中，教练员会评估运动员对战术安排的适应性和执行能力，以及他们在团队中的协作和领导潜力。这种评估有助于运动员在团队中找到合适的角色，并提升整个团队的表现。

教练评估包含对运动员身体健康和恢复情况的监测。通过跟踪运动员的训练负荷、疲劳程度和伤病情况，教练员可以及时调整训练计划，确保运动员在避免过度训练的同时，实现最佳的体能状态。

教练评估的一个重要方面是对运动员比赛表现的细致分析。教练员会从战略和技术两个层面对运动员的比赛进行复盘，指出成功之处和需要改进的地方。这种深入的分析有助于运动员理解比赛中的复杂情境，并在未来的比赛中做出更好的决策。

教练评估还为运动员的长期发展规划提供了方向。教练员会根据运动员的潜力、进步速度和职业目标，帮助他们规划未来的训练和比赛计划，确保运动员能够在体育生涯中持续成长和提升。

第四节　教练员对运动员的实时反馈与指导

在体育训练中，教练员不仅负责制订训练计划和指导运动员技术，更要在训练过程中给予实时反馈与指导。实时反馈与指导可以帮助运动员及时调整动作和策略，提高训练效果和竞技表现。

一、方式和技巧

（一）视频分析

在现代体育训练中，视频分析已成为一种高效的技术手段，它允许教练员和运动员更加精确地审视和改进运动表现。这种方法的核心优势在于能够提供对运动员动作的细致观察，从而揭示可能被忽视的细节问题。

视频分析使得教练员能够在训练结束后，与运动员一起回顾和讨论他们的表现。通过慢动作回放，教练员可以指出运动员在技术动作上的细微错误，如身体姿态、步法移动及力量发挥等。运动员也能够通过观看自己参加比赛或训练的视频，更直观地认识到自己的优点和不足，从而有针对性地进行改进。

视频分析不仅限于技术层面的反馈，还可以帮助运动员理解比赛中的战术运用，如对手的策略、比赛的节奏控制，以及团队协作的效率。通过分析这些战术层面的因素，运动员可以学习如何在不同比赛情境下做出最佳决策。

视频分析还具有心理训练的价值。通过观看自己成功的表现，运动员可以增强自信心，而分析失败的经历，有助于他们增强应对挫折的韧性。这种自我反思的过程对于运动员的心理素质提升至关重要。

然而，视频分析的有效性也依赖于教练员的专业能力和使用视频分析工具的技巧。教练员需要具备解读视频内容的能力，能够从大量的信息中提炼关键点，并以运动员能够理解的方式传达这些信息。同时，教练员应该掌握如何编辑和标注视频，以便更清晰地展示特定的动作或场景。

视频分析应该作为教练员和运动员之间互动的一部分，而不是单向的信息传递。教练员应该鼓励运动员提出自己的看法和疑问，通过开放的沟通建立起双方的信任和理解。这种合作的方式能够促进运动员的积极参与，提高训练的效果。

（二）实时示范

实时示范是体育训练中一种直观且有效的教学方法，它通过教练员或高水平运动员的现场展示，使运动员能够直接观察和学习正确的运动技巧和动作模式。这种方法的优势在于它能够提供即时反馈和模仿的机会，从而加速运动员对技术要领的理解和掌握。

实时示范能够为运动员提供一个清晰的动作模板。通过观察教练员或优秀运动员的示范，运动员可以更准确地把握动作的细节，如身体各部分的协调、力量的运用，以及节奏的控制。这种直观的学习方式比单纯通过语言描述更加高效，因为它允许运动员在视觉和动作之间建立直接的联系。

实时示范能够帮助运动员理解动作背后的原理和目的。通过教练员的解释和示范，运动员不仅能够看到动作的外在形式，还能够理解为什么要以这种方式执行动作，以及如何根据比赛的实际情况灵活调整动作。

实时示范还能够激发运动员的学习兴趣和动力。看到教练员或高水平运动员的精湛技艺，运动员往往会受到激励，产生模仿和超越的愿望。这种正面的心理效应对于运动员的长期发展和进步至关重要。

实时示范的有效性也取决于教练员的示范技巧和教学策略。教练员需要具备高水平的示范能力，能够准确无误地展示动作，并能够根据运动员的理解和接受能力调整示范的速度和细节。教练员应该鼓励运动员提问和交流，通过互动的方式帮助他们更好地理解和掌握动作。

实时示范应该与其他教学方法（如视频分析、小组讨论和个人练习等）相结合，形成一套多维度的教学体系。通过多种方法的综合运用，教练员可以更全面地指导运动员，帮助他们在各个方面取得进步。

（三）个性化指导

个性化指导是运动训练中一种极为重要的教学策略，它强调根据每名运动员的独特性来定制训练计划和指导方法。这种方法的核心在于认识到每名运动员的身体条件、技术能力、心理特点，以及个人目标都有所不同，因此需要差异化的教学来最大限度地激发他们的潜力。

个性化指导要求教练员对每名运动员进行深入的了解。这包括运动员的身体素质、技能水平、学习风格，以及个人兴趣等。通过这些信息，教练员可以设计出符合运动员个人特点的训练计划，从而提高训练的针对性和有效性。

个性化指导还涉及对运动员心理状态的关注和调整。教练员需要识别运动员的心理强项和潜在的障碍（如自信心、动机、压力管理等），并提供相应的心理支持和策略。这有助于运动员在面对挑战和竞争时保持最佳状态。

个性化指导还强调教练员与运动员之间的沟通和合作。教练员应该鼓励运动员表达自己的意见和感受，建立起开放和信任的关系。通过双向的沟通，教练员可以更好地理解运动员的需求，运动员也能更积极地参与到训练过程中。

实施个性化指导也需要教练具备一定的专业能力和灵活性。教练员需要不断更新自己的知识，掌握最新的训练理念和技术。同时，他们需要具备良好的观察力和判断力，能够根据运动员的反馈和进步及时调整训练计划。

（四）积极沟通

积极沟通是运动训练中不可或缺的一环，它涉及教练员与运动员之间信息的传递、情感的交流，以及理解的建立。良好的沟通不仅能够确保训练指导的有效性，还能促进运动员的心理和情感发展，帮助他们建立自信，强化训练动机。

积极沟通意味着教练员应该使用清晰、具体且积极的语言来传达信息。避免使用模糊或消极的表达方式，否则可能会导致运动员感到困惑或沮丧。相反，教练员应该明确指出运动员做得好的地方与需要改进的地方，并提供具体的改进建议。

教练员在沟通时应该展现出对运动员的尊重和理解。每名运动员都有自己的个性和情感需求，教练员应该认识到这一点，并相应地调整自己的沟通方式。尊重运动员的个性，教练员可以建立起运动员的信任感，这对于运动员接受反馈和进行自我改进至关重要。

积极沟通还涉及倾听的艺术。教练员应该给予运动员充分表达自己想法和感受的机会，倾听他们的声音，理解他们的需求。这种双向的沟通可以帮助教练员更好地了解运动员的内心世界，从而提供更加个性化的指导。

积极沟通不仅是一种技巧，更是一种态度。教练员应该始终保持耐心和同理心，即使在面对挑战和压力时，也要保持积极和支持的态度。这种积极的态度可以感染运动员，激发他们的训练热情。

二、有效实施

(一) 设立明确的目标

在运动训练中，设立明确的目标是确保实时反馈与指导有效性的关键步骤。这些目标不仅为教练员和运动员提供了一个共同追求的终点，还为训练过程提供了方向和动力。

明确的目标能够为运动员提供一个清晰的训练方向。运动员知道他们为什么要进行某项训练，以及进行这项训练如何帮助他们实现最终目标。这种目标导向的训练方式可以提高运动员的训练动机和参与度，使他们更加专注于训练。

明确的目标有助于教练员制订更加精确的训练计划和反馈策略。教练员可以根据目标的具体内容来选择最合适的训练方法和反馈时机，确保每一次训练和反馈都能够对运动员产生最大的帮助。

明确的目标还能够促进教练员和运动员之间的沟通。当双方都清楚地知道训练的目标时，他们可以更加有效地交流训练计划、进度和反馈，减少误解和沟通成本。

值得注意的是，明确的目标不仅是短期的、具体的技能提升，还应该包括长期的、战略性的发展目标。这些长期目标可以为运动员提供持续的动力和方向，帮助他们在运动生涯中不断进步。

(二) 及时反馈

在运动训练中，及时反馈是提高运动员表现和促进其技术提升的重要手段。教练员在观察到运动员的任何问题或错误时，应立即提供反馈，以便运动员能够迅速采取行动进行必要的调整。

及时反馈能够帮助运动员立即识别问题所在，从而避免错误动作的重复和习惯化。及时纠正对于防止错误技术模式的固化至关重要，因为一旦错误模式变得根深蒂固，改正起来会更加困难。

及时反馈还能够增强运动员的学习效率。当运动员在训练中得到及时指导和建议时，他们可以立即尝试不同的方法，找到最适合自己的技术动作。这种即时的学习和调整过程有助于加深运动员对技术要领的理解和记忆。

及时反馈还有助于建立教练员与运动员之间的信任关系。当教练员在关键时刻提供反馈时，运动员会感受到教练员的关注和支持，这有助于加强他们对教练员指导的信任和依赖。

值得注意的是，及时反馈不仅是指出错误，更包括对运动员正确表现的认可和鼓励。教练员应该在运动员做得好的时候给予正面的反馈，以增强他们的自信心和动力。

（三）持续跟踪

在运动训练中，持续跟踪运动员的表现是确保其不断进步和维持训练效果的重要环节。教练员不仅要在训练过程中提供实时反馈，还需要在训练之外进行持续的观察和评估，以便及时发现问题并提供必要的指导。

持续跟踪可以帮助教练员全面了解运动员的训练状态和进步情况。通过定期检查运动员的训练日志、比赛表现和生理指标，教练员可以更准确地评估运动员的训练负荷、恢复情况，以及技术提升。

持续跟踪还有助于教练员制订更为合理的训练计划。教练员可以根据运动员的表现和反馈，及时调整训练内容、强度和频率，确保训练计划与运动员的实际需求相匹配。

持续跟踪也需要教练员具备一定的专业知识和技能。教练员需要了解如何正确地评估运动员的表现，如何解读各种训练数据，并能够根据这些信息做出合理的判断和决策。

通过采用合适的方式和技巧，以及有效的实施方法，教练员可以更好地发挥自己的作用，帮助运动员实现突破和进步。

第五章

体育教学中评价与反馈的改进与创新

第一节　创新的评价方式与工具

体育教学是培养学生健康体魄、提高团队合作能力、培养毅力与意志力的重要途径。而评价作为教学过程中的重要环节，对于促进学生学习、激发学习兴趣具有至关重要的作用。传统的体育教学评价方式往往以考试、测试为主，随着教育理念的不断更新与发展，创新的评价方式与工具也应运而生。

一、创新的体育教学评价方式

（一）项目制评价

项目制评价在体育教学中是一种创新的评估方法，它强调学生的主动参与和实践操作。通过让学生参与体育项目的策划、执行和管理（如组织体育比赛、制订和执行训练计划等），教师可以从项目的整体完成情况来评估学生的综合能力和水平。这种评价方式不仅能够检验学生对体育知识的掌握程度，还能促进学生领导力、团队协作能力和创新能力的培养。

在项目制评价中，学生不再是被动接受指令的对象，而变成了项目实施的主体。他们需要运用所学的体育知识，结合实际情况，设计出切实可行的体育活动方案。在项目策划阶段，学生需要考虑活动的目标、内容、时间安排、场地布置、安全措施等多个方面，这要求学生具备良好的规划能力和决策能力。

在执行体育项目的过程中，学生需要分工合作，各司其职，这不仅考验他们的组织协调能力，而且培养他们的团队合作精神。在团队中，每名成员都需要发挥自己的长处，共同为项目的成功贡献力量。通过团队合作，学生可以学会如何沟通、协商、解决冲突，这些都是现代社会中非常重要的社交技能。

项目制评价还鼓励学生进行创新。在策划和执行体育项目的过程中，学生可以发挥自己的想象力和创造力，设计出新颖有趣的活动内容，吸引更多人参与。创新能力的培养对于学生未来的发展具有重要意义，它能够激发学生的潜能，提高他们解决问题的能力。

项目制评价的实施需要教师的引导和支持。教师需要为学生提供必要的资源和指导，帮助他们克服在项目实施过程中遇到的困难。同时，教师需要建立一套公正、合理的评价体系，确保评价的客观性和有效性。

（二）终身学习评价

终身学习评价是一种前瞻性的评价理念，它超越了传统教育评价的范畴，将评价的视角延伸至学生的整个学习和成长过程。这种评价方式不局限于学生在校期间的学习成绩和表现，而是将重点放在学生毕业后的持续学习和个人发展上。通过长期跟踪和评价学生的职业发展、继续教育，以及个人追求，终身学习评价能够为教育者提供宝贵的反馈，帮助他们更好地理解教学活动对学生未来的影响。

在终身学习评价中，教育者认识到学习是一个持续的过程，它不因学生离开学校而终止。因此，评价的目的是培养学生终身学习的习惯和能力，使他们能够在快速变化的社会中不断更新知识和技能。这种评价方式鼓励学生设定个人学习目标，不断追求自我提升。

实施终身学习评价需要建立一套有效的跟踪机制。这包括定期的问卷调查、职业发展访谈、继续教育课程的参与情况记录等。通过这种机制，教育者可以收集到学生毕业后的学习和发展数据，从而更全面地评估教育活动的效果。

终身学习评价还强调个性化和多样性。每名学生的兴趣、能力和职业目标都是独特的，因此评价标准也应该是灵活和多元的。在评价过程中，教育者应该尊重每名学生的个性化需求，提供定制化的建议和支持。

终身学习评价的实施对于教育改革具有重要意义。它不仅能够帮助教育者更好地理解教学对学生长期发展的影响，而且能够为教育政策的制定提供数据支持。通过终身学习评价，教育者可以不断调整和优化教学方法，以满足学生终身学习的需要。

（三）实践能力评价

实践能力评价在体育教学中占据着核心地位，它侧重评估学生在真实或模拟的运动环境中所展现的实际操作技能和能力。这种评价方式直接关系到学生的运动表现，能够提供关于学生技能掌握程度和运动智能的直观信息。

在实践能力评价中，学生的每一个动作、每一次决策和每一次团队互动都成为评价的焦点。通过观察学生在实际运动中的表现，教师可以了解学生对运动规则的理解、对技能的掌握，以及在压力下的应对策略。这种评价方式有助于揭示学生在理论学习中可能无法显现的潜力和问题。

为了更准确地进行实践能力评价，教师可以设计一系列具有挑战性的运动任务，如模拟比赛、技能展示或特定情景下的决策制定。这些任务不仅要求学生展示其运动技能，还要求他们运用战术思维和团队协作能力。通过这些综合性的任务，学生能够在实践中学习，同时教师能够更全面地评价学生的实践能力。

实施实践能力评价需要教师具备敏锐的观察力和专业的评价技能。教师需要根据学生的不同特点和需求，制定个性化的评价标准和反馈机制。同时，教师应该创造积极、包容的评价环境，鼓励学生在评价过程中积极参与，勇于挑战自我。

实践能力评价的最终目标是促进学生在实际运动中的提高和发展。通过这种评价方式，学生能够更好地了解自己的优势和不足，更有针对性地进行学习和训练。对于教师而言，实践能力评价提供了宝贵的教学反馈，有助于他们调整教学策略，提高教学质量。

二、创新的体育教学评价工具

(一) 数字化评价工具

数字化评价工具在体育教学评价中扮演着越来越重要的角色。这些工具利用先进的信息技术，为教师提供了一种全新的评价手段，使得评价过程更加高效、精确和个性化。

数字化评价工具能够实时记录学生在体育活动中的各项数据，如心率、速度、力量、耐力等。这些数据可以通过智能手环、运动手表或其他可穿戴设备获取，并通过无线网络传输到教师的终端设备。教师可以根据这些数据，了解学生在运动过程中的生理状态和运动强度，从而更准确地评估学生的体能水平和运动表现。

数字化评价工具可以帮助教师进行学习情况的分析。通过在线平台，教师可以收集学生的课堂表现、作业完成情况、自我评价等信息，并通过数据分析工具了解学生的学习习惯、优势和不足。这些信息对于教师制定个性化的教学计划和评价标准具有重要意义。

数字化评价工具可以提供数据支持，帮助教师进行科学的评价和决策。通过对大量数据的分析，教师可以发现学生学习中的规律和趋势，从而更有效地指导学生的学习和训练。同时，数字化评价工具可以为教师提供反馈和建议，帮助他们优化教学方法和策略。

然而，数字化评价工具的实施也面临一些挑战。教师只有具备一定的信息技术能力，才能熟练地使用这些工具；数字化评价工具的引入可能会增加教师的工作负担，如数据的收集、分析和解释等；数字化评价工具的准确性和可靠性需要进一步验证。

为了迎接这些挑战，学校和教育部门需要为教师提供培训和支持，帮助他们掌握数字化评价工具的使用方法。同时，教师需要不断学习和探索，提高自己的信息技术能力，以适应数字化评价的需要。

(二) 电子设备

在体育教学评价中，电子设备的应用变得越来越普及。智能手环、运动手表等可穿戴技术设备因其便携性和功能多样性，成为记录和分析学生运动表现的重要工具。这些设备能够追踪学生的运动数据（如心率、热量消耗、运动强度、运动距离和持续时间等），为体育教学评价提供丰富的量化信息。

通过电子设备收集的数据可以帮助教师客观地了解学生的运动参与度和努力程度。例如，心率监测可以反映学生在体育活动中的生理负荷，运动距离和热量消耗则可以作为学生活动量的直观指标。这些数据的实时记录和分析，使得教师能够及时调整教学策略，确保每名学生都能在适宜的强度下进行锻炼。

电子设备能够促进学生自我监控和自我评价。当学生能够实时看到自己的运动数据时，他们可以更加主动地调整自己的运动方式和强度，以达到更好的锻炼效果。这些数据可以作为学生自我反思的依据，帮助他们认识到自己在体育活动中的优势和需要改进的地方。

然而，电子设备的准确性和可靠性是教师需要考虑的重要因素。不同品牌和型号的设备可能在数据记录上存在差异，因此，教师需要对设备的性能有足够的了解，以确保评价的公正性；过度依赖电子设备可能会忽视学生的主观体验和情感需求。体育活动不仅是身体锻炼，也是社交和情感发展的重要途径。因此，在利用电子设备进行评价的同时，教师需要关注学生的团队合作、运动兴趣和情感体验。

为了充分发挥电子设备在体育教学评价中的作用，学校和教师可以为学生提供统一的设备，以减少因设备差异带来的评价误差；教师需要定期对设备进行校准和维护，确保其正常运行。

（三）互动式应用程序

互动式应用程序正成为体育教学评价领域的一项创新工具。这些应用程序利用手机或平板电脑的便携性和互动性，为学生提供了参与体育知识学习和运动技能练习的平台。通过精心设计的游戏和挑战，让学生在娱乐中学习，有效评价学生的学习成绩和参与度。

互动式应用程序的优势在于其高度的参与性和互动性。学生可以通过完成各种任务和挑战来测试及丰富自己的体育知识。例如，应用程序可以包含模拟比赛场景，让学生在虚拟环境中练习战术决策和运动技巧。这些程序可以设置体育知识问答，通过竞赛形式增加学习的趣味性，同时检验学生对体育规则和理论知识的掌握程度。

实时反馈是互动式应用程序的另一个重要特点。学生在完成练习或挑战后，应用程序能够立即提供成绩和反馈，帮助学生及时了解自己的表现，并根据反馈进行调整和改进。这种即时的评价方式能够极大地提高学生的学习效率和动力。

根据学生的学习进度和能力，应用程序可以推荐合适的学习内容和难度级别，确保每名学生都能在自己的水平上得到适当的挑战和提高。一些应用程序还允许教师根据教学计划和目标，为学生定制学习路径和评价标准。

社交互动功能是互动式应用程序的重要组成部分。学生可以通过应用程序与同学进行互动，分享学习经验，进行合作学习。这种社交元素不仅能够增强学生之间的联系，还能够提高他们的团队合作能力和沟通技巧。

教师需要确保应用程序的内容与教学目标和评价标准相匹配；教师需要对学生使用技术设备进行适当的监督和指导，以防止学生过度依赖技术或分心；教师还需要关注学生的个性化需求，确保所有学生都能从互动式学习中受益。

为了充分发挥互动式应用程序在体育教学评价中的作用，教师需要不断探索和创新，结合学生的实际情况和学习需求，设计有趣、有效的学习活动。同时，教师需要与技术专家合作，确保应用程序的质量和安全性，为学生提供良好的学习体验。

第二节 基于技术的个性化评价与反馈

随着教育技术的飞速发展，个性化教学逐渐成为教育领域的一个热点。在体育教学中，个性化评价与反馈对于提升学生的运动技能、增强学习动力、促进身心健康发展具有重要意义。

一、技术在体育教学中的应用

技术在体育教学中的应用主要体现在以下四个方面。

（一）数据收集

在体育教学中，技术的应用为数据收集提供了强大的支持。利用可穿戴设备和运动追踪系统，教师能够实时监测学生的运动表现，包括速度、心率、步数、运动强度等关键指标。这些设备通常配备传感器，能够精确捕捉到学生的运动细节，从而为教学提供翔实的数据支持。例如，智能手环可以记录学生的心率变化，帮助教师了解学生在运动中的各种反应；GPS追踪器则能够追踪学生在场地上的移动路径，分析其运动模式和覆盖范围。

通过这些数据，教师可以更准确地评估学生的运动技能，制订个性化的训练计划，同时监测学生的健康状况，预防运动伤害。数据的收集和分析还能够帮助学生自我反思，了解自己的进步和需要改进的地方，从而提高学习效率和运动表现。

（二）实时反馈

实时反馈是体育教学中技术应用的一个重要方面，它极大地提升了教学的互动性和有效性。通过传感器技术，教师能够实时监控学生在运动过程中的表现，包括他们的动作准确性、力量使用，以及运动节奏等。例如，使用加速度计和陀螺仪，可以精确捕捉到学生动作的每一个细节，从而提供精确的动作反馈。

这种实时反馈机制不仅能够及时纠正学生的错误，还能够增强他们的学习体验。数据分析软件能够将传感器收集到的数据转化为易于理解的图表和报告，使学生能够直观地看到自己的表现，并与教师的指导相结合，进行有针对性的练习。

实时反馈能够帮助教师更有效地管理课堂。通过集中监控多名学生的数据，教师可以快速识别出需要额外关注的学生，从而进行个性化的指导。这种技术的应用，使得体育教学更加个性化和高效，有助于增强学生的运动技能和学习动力。

（三）个性化训练计划

在体育教学领域，个性化训练计划的制订是提升学生运动技能和身体素质的关键。通过数据分析，教师可以深入了解每名学生的运动特点、优势和不足，从而设计出符合个体差异的训练方案。这种个性化的方法能够确保每名学生都能在适合自己的节奏和水平上进行训练，从而使训练效果达到最佳。

数据分析不仅包括学生在体育课上的表现，还涉及他们的生理数据、历史成绩，甚至是个人偏好。利用这些信息，教师可以识别出学生的潜在能力和需要改进的地方，然后制订出包括技术练习、体能训练和心理调节等综合训练计划。

为了实现这一目标，学校需要在相关的技术、设备和软件（如运动追踪系统、数据分析软件等）上投资，并对教师进行相应的培训，以确保他们能够有效地使用这些技术、设备和软件。

（四）远程教学

远程教学在体育教育中的应用为学生提供了灵活的学习方式，特别是在无法面对面进行教学的情况下，如对于地理位置偏远的学生。通过视频会议和在线课程，教师能够跨越空间的限制，与学生进行实时互动，指导他们完成各种体育活动和训练。

在远程体育教学中，视频技术发挥着核心作用。教师可以利用高清摄像头展示正确的运动技巧，学生则可以通过自己的摄像头反馈练习情况，实现即时的纠正和指导。许多在线平台提供了录制功能，允许学生录制自己的训练过程，之后可以回放分析或提交给教师进行更详细的评价。

在线课程则为学生提供了自主学习的机会。它们通常包含预录的视频教程、详细的动作分解，以及各种难度级别的训练计划。学生可以根据自己的时间和节奏来安排学习，同时，这些课程可以包括互动式问答、讨论区和进度跟踪等元素，以增强学习体验。

尽管远程教学为体育教学带来了便利，但它也带来了一些挑战。例如，网络连接的稳定性、学生家中是否具备适宜的训练环境，以及如何确保学生在没有教师面对面监督的情况下保持动力等。远程教学无法完全替代现场教学中的人际互动和身体接触，因此，结合线上线下教学，创造一个混合式学习环境，可能是实现最佳教学效果的途径。

二、利用技术实现个性化评价的途径

（一）运动数据分析

个性化评价是教育和训练领域中一个重要的组成部分，它允许教师或教练根据每名学生的特定需求和能力进行定制化的教学或训练。在体育训练中，通过运动数据分析进行个性化评价是一种有效的方法。

个性化评价的关键在于收集和分析学生的运动数据。这些数据可以包括学生在运动过程中的速度、力量、耐力等关键指标。通过这些数据，教师可以更准确地了解每名学生的身体条件和运动能力，从而为他们提供更加科学、恰当、合理的个性化训练计划。

运动数据分析不仅是收集数据，更重要的是对数据进行深入的分析和解读。例如，通过分析学生在不同运动状态下的表现，教师可以发现学生的潜在优势和需要改进的地方。这种分析可以帮助教练制订出更加科学和有效的训练方法，以提高学生的运动表现。

个性化评价应该包括对学生运动习惯的观察和分析。这包括学生的热身习惯、恢复习惯，以及对运动的态度等。这些因素虽然不直接反映在运动数据上，但对提高学生的运动表现和保持运动热情同样重要。

个性化评价的实施需要教练和学生的共同努力。教练需要不断更新自己的知识和技能，以适应不断变化的训练需求。同时，学生应该积极参与到评价过程中，了解自己的身体状况和运动能力，以便更好地配合教练的训练计划。

（二）生理参数监测

在体育训练和健康监测中，生理参数监测是评估个体运动表现和健康状况的重要手段。通过实时监测学生的心率、血压等关键生理指标，教练员和医疗专业人员可以更准确地了解运动员的身体状况，从而为他们提供更加科学的个性化训练指导。

心率监测是评估运动强度和运动效果的常用方法。在运动过程中，心率的变化可以反映心脏的工作负荷和血液循环状态。通过监测心率，教练员可以及时调整运动强度，避免运动员出现过度疲劳或运动损伤。同时，心率恢复速度是评估运动员恢复能力和适应性的重要指标。

血压监测对于评估运动员的心血管健康和运动风险具有重要意义。高血压或低血压都可能影响运动员的运动表现和健康。通过定期监测血压，教练员可以及时发现运动员的心血管问题，并采取相应的预防和干预措施。

除了心率和血压，其他生理参数（如血氧饱和度、呼吸频率、肌肉疲劳度等）也是评估运动表现的重要指标。这些参数可以为教练员提供更全面的信息，帮助他们制订更加科学和有效的训练计划。

在实施生理参数监测时，需要选择合适的监测设备和方法。目前，市场上有多种便携式和可穿戴的生理监测设备，如心率带、血压计、血氧仪等。这些设备可以实时监测运动员的生理状态，并提供准确的数据。

然而，生理参数监测只是评估运动表现的一个方面，还需要结合运动员的运动技能、心理状态、环境因素等多方面因素进行综合分析。监测数据的解读和应用需要专业知识和经验，教练员和医疗专业人员应不断学习和更新自己的知识，以更好地利用监测数据指导训练。

（三）视频分析技术

视频分析技术在体育训练和运动表现评估中扮演着越来越重要的角色。通过捕捉运动员的运动动作并进行详细的技术分析，教练员和运动员可以获得宝贵的反馈，从而优化训练方法和提升运动技能。

视频分析可以提供运动员运动过程中的直观画面，帮助教练员和运动员识别技术动作中的优点和缺点。例如，在篮球运动中，通过分析运动员的投篮动作，可以发现其手部姿势、跳跃力度，以及身体平衡等方面的问题，并有针对性地进行改进。

视频分析技术可以量化运动员的表现。通过特定的分析软件，可以测量运动员的步长、速度、加速度等参数，为教练员提供精确的数据支持。这些数据可以用来评估运动员的进步，制订训练计划，以及调整比赛策略。

视频分析能够帮助运动员更好地理解战术和策略。通过观看比赛录像，运动员可以学习对手的战术布局，了解自己在团队中的作用，以及如何更有效地与队友配合。

视频分析技术不仅应用于运动技能的改进，还可以用于运动员的心理训练。通过观看自己的表现，运动员可以增强自信，减少焦虑，提高比赛中的心理素质。

为了充分利用视频分析技术，教练员和运动员需要选择合适的录制设备和分析工具。高清摄像机、稳定器，以及专业的视频分析软件都是进行高质量视频分析的必备工具。

（四）人工智能技术

人工智能（AI）技术在教育和训练领域的应用正变得越来越广泛，尤其是在个性化评价方面。利用AI算法，可以根据学生的表现自动生成评价报告，为教练员和教育者提供更高效、更精准的评估工具。

AI算法可以通过分析大量的运动数据（如速度、力量、耐力等）来评估学生的运动表现。与传统的人工评估相比，AI算法可以在短时间内处理和分析海量数据，从而提供更加全面和客观的评价结果。

AI技术可以根据学生的个人特点和进步趋势，生成个性化的评价报告。这些报告不仅包括学生的当前表现，还可以预测其未来的发展潜力，为教练员提供有针对性的训练建议。

AI辅助的评价系统还可以实时监测学生的运动状态，及时发现潜在的运动风险。例如，通过分析学生的心率、血压等生理参数，AI系统可以预测学生是否可能出现过度疲劳或运动损伤，并及时提醒教练员采取措施。

然而，AI辅助的评价系统的有效运用还需要解决一些挑战。需要收集和整理大量的高质量数据，以训练和优化AI算法；AI算法的准确性和可靠性还需要进一步验证，特别是在体育领域的复杂环境中；还需要考虑数据隐私和安全的问题，确保学生个人信息的保护。

为了充分发挥AI辅助评价系统的潜力，教练员和教育者需要与技术专家紧密合作，共同开发和优化评价模型。同时，需要对教练员和教育者进行培训，提高他们对 AI 技术的理解和运用能力。

第三节　评价与反馈在跨学科教学中的整合

跨学科教学是指将不同学科的知识和技能整合在一起的教学方式，旨在培养学生的综合思维能力和解决复杂问题的能力。体育教学作为学校教育的重要组成部分，不仅培养学生的身体素质，也涉及团队合作、策略制定等多学科能力。

一、跨学科教学的特点

（一）知识整合

在跨学科教学中，知识整合是其核心特点之一。知识整合是指将不同学科领域的知识、理论和方法结合起来，形成一套统一且连贯的教学体系。这种整合超越了传统学科的界限，鼓励学生在不同领域之间建立联系，从而促进他们对知识的深入理解和应用能力的提升。

知识整合的过程不是简单的叠加，而是通过深入分析不同学科之间的内在联系，构建一个多维度、互联互通的知识网络。例如，在体育教学中，除了教授运动技能外，还可以融入生物学中的人体运动机制、心理学中的团队合作精神、数学中的概率统计等，让学生在掌握体育技能的同时，能够理解科学原理和策略思考。

知识整合还要求教师具备跨学科的教学能力和视野。教师需要对不同学科有深入的了解，并能够灵活运用这些知识来设计教学活动。在实践中，教师可以通过案例教学、项目学习、主题研讨等方式，引导学生探索不同学科之间的联系，激发他们的学习兴趣和创新思维。

知识整合的另一个重要方面是评估和反馈。在跨学科教学中，评估不应仅限于单一学科知识的掌握程度，而应更加关注学生综合运用知识解决问题的能力。因此，教师需要设计多元化的评估方式（如自我评价、同伴评价、过程评价等），全面考查学生的学习效果。

同时，教师需要及时提供反馈，帮助学生了解自己的学习进展和存在的问题。反馈应该是建设性的，既要肯定学生的优点，也要指出需要改进的地方，并给出具体的建议。通过有效的评估和反馈，学生可以不断调整学习策略，提高学习效率。

（二）技能融合

在跨学科教学中，技能融合是实现学生全面发展的关键环节。它强调的是在不同学科领域中培养学生的通用技能（如分析能力、批判性思维和解决问题的能力），这些技能对于学生未来的学术和职业生涯都至关重要。

分析能力是指学生能够对信息进行逻辑性的分解和理解，从而得出结论的能力。在跨学科教学中，通过将不同学科的案例和问题结合起来，学生可以在一个更广阔的知识背景下练习分析技能。例如，在体育课上，学生不仅要学习运动技巧，还要分析运动员的表现，理解战术背后的逻辑，甚至评估运动对身体健康的影响。

批判性思维是学生能够独立思考和评估信息的能力。跨学科教学鼓励学生不仅要接受知识，还要学会质疑和探索。通过讨论、辩论和反思等活动，学生可以学会从不同角度审视问题，形成自己的观点和见解。这种思维方式有助于学生在面对复杂问题时，能够进行深入的思考和独立的判断。

解决问题的能力是指学生能够运用所学知识和技能，创造性地解决实际问题。在跨学科教学中，教师可以设计一些综合性的项目或任务，要求学生运用不同学科的知识和技能来解决问题。例如，设计一个体育赛事的策划案，不仅需要体育知识，还需要营销、管理等其他学科的知识。

为了有效地实现技能融合，教师需要精心设计教学活动，确保学生有足够的机会练习和应用这些技能。同时，教师需要提供及时的反馈和指导，帮助学生识别和改进自己的不足。学校和教育部门也应该提供相应的支持（如教师培训、教学资源和评估体系等），以促进技能融合的实施。

（三）情境应用

在跨学科教学中，情境应用要求学生将所学知识与现实世界的问题联系起来，通过解决实际问题来加深对知识的理解和应用能力。这种教学方法不仅能够提高学生的实践技能，还能够增强他们对学习内容的兴趣和动机。

情境应用的核心在于创建真实或模拟的情境，让学生在这些情境中运用跨学科的知识与技能。例如，在体育教学中，可以设计一个模拟的体育赛事管理项目，学生需要运用体育学、管理学、营销学等多个学科的知识来规划赛事、编制预算、进行宣传等。

这种教学方法的优势在于它能够提供给学生全面且深入的学习体验。学生不仅能够将理论知识与实践技能相结合，还能够在解决实际问题的过程中发展自己的批判性思维、创新思维和团队合作能力。情境应用还能够提高学生的自我效能感，因为他们能够看到自己所学知识在现实世界中的应用价值。

为了有效地实施情境应用，教师需要精心设计教学活动，确保这些活动既有挑战性，又能够与学生的兴趣和需求相匹配。教师还需要提供必要的指导和支持，帮助学生在解决问题的过程中学习新知识、发展新技能。同时，教师需要建立一个积极的学习环境，鼓励学生积极参与、勇于尝试、乐于分享。

教师需要设计多元化的评估方式，全面考查学生在情境应用中的表现。评估不仅要考虑学生的知识掌握程度，还要考虑他们的技能运用能力、创新思维能力、团队合作能力等。教师还需要提供及时、具体、建设性的反馈，帮助学生了解自己的优点和不足，激励他们不断进步。

二、评价与反馈在跨学科教学中的作用

(一) 促进学科之间的整合

评价与反馈在跨学科教学中不仅能够促进学科之间的整合，还能够提升教学质量和学生的学习体验。在体育教学领域，评价与反馈的应用尤为重要，因为它们可以帮助教师更准确地把握学生在不同学科领域的学习进展，进而设计出更加有效的跨学科教学方案。

评价与反馈能够揭示学生在体育技能、健康知识、团队合作、策略规划等方面的具体表现和理解程度。通过这些信息，教师可以了解学生在哪些领域需要更多的支持和资源，哪些领域可以作为跨学科整合的起点。例如，学生在团队合作方面表现出色，教师可以利用这一优势，将团队合作的概念和技能应用到其他学科的教学中，如社会学、心理学等。

评价与反馈还可以促进教师之间的沟通和协作。当教师共享关于学生学习情况的反馈时，他们可以共同探讨如何将不同学科的知识和技能整合到体育教学中。这种协作不仅能够提高教学的连贯性和深度，还能够为学生提供更加丰富和多元的学习体验。

评价与反馈还能够激发学生的自我反思和自我改进。当学生收到关于自己学习表现的反馈时，他们可以更加清晰地认识到自己的强项和弱项，从而更有针对性地进行学习。这种自我反思的过程对于学生的个人成长和学术发展都是极其宝贵的。

（二）提升学生综合能力

评价与反馈在提升学生综合能力方面发挥着不可替代的作用。在体育教学中，它们不仅帮助学生认识到自己的学习状态，更是激励学生不断进步、全面发展的重要手段。

评价与反馈能够为学生提供明确的学习目标和方向。通过评价，学生可以清晰地了解自己在体育技能、理论知识、团队合作等方面的表现，以及在哪些领域需要进一步努力。这种明确的反馈有助于学生设定具体的学习目标，制订有效的学习计划。

评价与反馈能够激发学生的学习动力。当学生收到积极的反馈时，他们的自信心和成就感会得到提升，从而更加积极地参与到学习中。相反，当学生在某些方面表现不佳时，及时而建设性的反馈可以帮助他们认识到问题所在，激发他们改进和提高的动力。

（三）促进跨学科合作

在体育教学的背景下，学生经常需要整合来自不同学科的知识和技能（如生物学、心理学、物理学和数学等），以提高他们的运动表现和理解体育活动的复杂性。评价与反馈机制能够强化这种跨学科的联系，并鼓励学生之间的合作。

通过评价，学生能够认识到自己在不同学科领域的强项和弱项。这种自我认知是跨学科合作的起点，因为它使学生能够明白在团队中他们可以贡献什么，以及需要从同伴那里学习什么。例如，一名在物理学方面表现出色的学生可能在理解运动力学方面具有优势，而一名对生物学有深入了解的学生能够更好地掌握运动生理学。

反馈可以作为一个沟通工具，帮助学生理解如何能够更有效地与来自不同学科背景的同学合作。教师可以提供具体的反馈，指出学生在团队项目中的表现，以及他们如何能够更好地利用自己的学科知识来支持团队目标。

评价与反馈还可以作为一种激励机制，鼓励学生开展跨学科的探索和合作。当学生在跨学科项目中取得成功，并收到积极的反馈时，他们更有可能在未来的教学活动中寻求类似的合作机会。

第六章

体育教育和运动训练中
评价与反馈的比较研究

第一节　体育教育和运动训练中评价与反馈的异同

体育教育和运动训练是体育领域中的两个重要组成部分，它们在促进个体身心健康、提高运动技能和竞技水平方面发挥着重要作用。评价与反馈是这两个领域中不可或缺的环节，它们对于指导学习、调整教学和训练方法、提高运动表现等方面具有重要意义。尽管评价与反馈在体育教育和运动训练中都扮演着重要角色，但它们之间也存在一些异同点。

一、相同点

（一）目的性

在体育教育和运动训练领域，评价与反馈是提升个体运动技能和表现的关键环节。它们共同的目的是促进运动员和学生在运动技能上的提升，帮助他们识别自身的优势和不足，并提供改进的方向。评价是对个体当前技能水平和存在问题的诊断，反馈是基于这些评价结果给出指导性建议或具体行动方案。

评价的过程涉及对运动员或学生在运动技能、体能、战术理解，以及心理素质等方面的全面考量。通过这一过程，教练员和教师能够获得关于运动员或学生表现的详细信息，这些信息对于制订后续训练计划和教学策略至关重要。例如，通过评价，教练员可以发现运动员在某个技术动作上的不足，或者教师可以了解到学生在团队合作方面的潜力。

反馈是评价的延续，它要求教练员和教师以建设性和鼓励性的方式将评价结果传达给运动员或学生。有效的反馈不仅能够指出问题所在，还能够提供解决问题的方法，激发运动员或学生的积极性和自我改进的动力。例如，教练员可能会指出运动员在起跑技术上的缺陷，并提供具体的技术练习来帮助其改进；教师可能会鼓励学生在下一场比赛中尝试更多的领导和协调角色，以提升其团队合作能力。

评价与反馈的有效性取决于多种因素，包括评价的准确性、反馈的及时性、沟通的方式，以及个体的接受度。为了确保评价与反馈能够达到预期效果，教练员和教师需要具备深厚的专业知识、敏锐的观察力和良好的沟通技巧。他们还需要根据运动员或学生的个体差异，提供个性化的评价与反馈。

评价与反馈应当是一个持续的过程，随着运动员或学生技能的提高和目标的调整，评价与反馈的内容和方式也应当相应变化。这意味着教练员和教师需要不断地更新评价标准和反馈策略，以适应运动员或学生的发展需求。

（二）持续性

在体育教育和运动训练的整个周期内，评价与反馈不是一次性的活动，而是一个持续进行的过程。这一过程伴随着运动员和学生技能的逐步提升与个人目标的不断调整而不断演进。

评价与反馈需要定期进行，以确保教练员和教师能够及时捕捉到运动员或学生的进步和存在的问题。这种定期性不仅包括在训练或教学周期内的不同阶段进行评价，也包括在每次训练或课堂之后进行及时反馈。通过这种频繁的互动，教练员和教师可以更好地理解运动员或学生的当前状态，并据此调整训练计划或教学方法。

评价与反馈的内容会随着运动员或学生技能的发展而变化。对于初学者阶段，评价可能更侧重基础技能的掌握；而随着评价对象技能的提高，评价的重点可能会转向更高级的技术、战术运用，以及心理素质的培养。反馈同样需要根据运动员或学生的当前水平进行调整，以确保其相关性和有效性。

评价与反馈的方式会随着时间的推移而发展。随着科技的进步和教育理念的更新，评价与反馈的方法也在不断创新。例如，现代体育训练中越来越多地采用视频分析、生物力学测试和心理评估等工具，以获得更精确的评价数据。同时，反馈的方式（包括口头指导、书面报告、视频演示等）越来越多样化，以适应不同运动员或学生的需求。

评价与反馈的持续性还要求教练员和教师具备持续学习和适应的能力。他们需要不断更新自己的专业知识，掌握新的技术和方法，以更好地服务于运动员或学生的发展。同时，他们需要培养敏锐的观察力和沟通能力，以便更准确地进行评价和更有效地提供反馈。

评价与反馈的持续性也意味着它们是双向的。运动员或学生在接受评价和反馈的同时，应该有机会表达自己的观点和感受，这有助于教练员和教师更全面地了解他们的需求和期望。通过建立一个开放和互动的沟通环境，促进评价与反馈过程的持续优化。

（三）互动性

在体育教育和运动训练中，评价与反馈的有效实施依赖于教练员、教师与运动员或学生之间的密切互动。这种互动不仅涉及信息的传递，还包括情感的交流和理解的深化，是评价与反馈过程中不可或缺的一环。

互动性要求教练员和教师在进行评价与反馈时，必须充分考虑运动员或学生的感受和反应。这意味着在提供反馈时，应当采用积极、鼓励的语言，避免使用可能引起消极情绪或抵触的措辞。通过这种方式，可以建立起运动员或学生对教练员和教师的信任感，从而更加开放地接受评价与反馈。

互动性体现在教练员和教师需要倾听运动员或学生的声音。在评价与反馈的过程中，运动员或学生应当有机会表达自己的观点和感受，教练员和教师应当认真倾听并给予重视。这种双向沟通有助于教练员和教师更全面地了解运动员或学生的需求，同时能够让运动员或学生感到自己被尊重和理解。

互动性要求教练员和教师具备良好的沟通技巧。他们需要能够清晰、准确地传达评价结果和反馈意见，同时需要能够理解运动员或学生的反馈和反应。这需要教练员和教师具备同理心，能够站在运动员或学生的角度思考问题，同时需要他们具备一定的心理学知识，能够识别和应对运动员或学生可能出现的各种情绪和心理状态。

在现代体育教育和运动训练中，互动性还体现在评价与反馈工具的使用上。许多先进的技术和工具（如视频分析、在线反馈系统等）为教练员和教师与运动员或学生之间的互动提供了新的平台和方式。通过这些工具，教练员和教师可以更加直观、具体地展示评价结果，运动员或学生也可以更加方便地表达自己的意见和感受。

互动性还要求教练员和教师在评价与反馈的过程中，不断调整自己的方法和策略。他们需要根据运动员或学生的反馈和反应，及时调整自己的沟通方式和反馈内容，以确保评价与反馈的针对性和有效性。这种灵活性和适应性是评价与反馈成功的关键。

（四）个性化

在体育教育和运动训练中，由于每名运动员或学生的运动能力、学习风格和心理状态都存在差异，因此，评价与反馈的实施必须考虑这些个体特征，以确保其有效性和适用性。

个性化的评价与反馈意味着教练员和教师需要对每名运动员或学生进行深入的了解。这包括了解他们的身体素质、技能水平、学习偏好，以及心理特点等。通过这种了解，教练员和教师可以更准确地评估运动员或学生当前的状态，并据此制定个性化的评价标准和反馈策略。

个性化的评价与反馈还要求教练员和教师能够灵活运用各种评价工具和方法。例如，对于视觉学习者，教练员可能会更多地使用视频演示和图表说明；对于听觉学习者，则可能更多地使用口头指导和讨论。同样，对于不同技术水平的运动员或学生，教练员和教师需要采用不同难度的评价标准和反馈内容。

个性化的评价与反馈还涉及对运动员或学生心理状态的考虑。教练员和教师需要识别每名运动员或学生的心理需求和动机水平，并据此调整自己的沟通方式和反馈策略。例如，对于自信心较弱的运动员或学生，教练员和教师可能需要提供更多的鼓励和支持；对于过于自信的运动员或学生，则可能需要适当地提出挑战和要求。

在实施个性化的评价与反馈时，教练员和教师还需要考虑运动员或学生的个人目标和期望。每个人的运动目标和期望都不尽相同，教练员和教师需要尊重这些差异，并在评价与反馈中体现出来。这不仅有助于提高运动员或学生的参与度和满意度，也有助于激发他们的内在动机和自我改进的动力。

个性化的评价与反馈还要求教练员和教师具备高度的专业性和敏感性。他们需要不断地学习和更新自己的专业知识，以便更好地理解和应对运动员或学生的个体差异。同时，他们需要培养敏锐的观察力和同理心，以便更准确地捕捉到运动员或学生的需求和反应。

二、不同点

（一）侧重点

在体育教育和运动训练这两个领域中，评价与反馈的侧重点存在明显的差异，这些差异反映了各自领域的目标和需求。

体育教育主要面向广泛的学生群体，其核心目标是普及运动知识、激发学生对体育活动的兴趣，以及通过运动提高学生的身体素质和健康水平。在这一领域中，评价的内容往往较为全面，不仅包括学生对运动技能的掌握程度，还涉及他们的课堂参与度、团队合作精神、公平竞争的态度，以及运动中的行为表现等。评价的目的是促进学生的全面发展，帮助他们建立起积极的运动习惯和健康的生活方式。因此，体育教育中的评价与反馈更倾向于鼓励和激励，强调的是学生的体验和参与，而非单纯的技能水平。

相比之下，运动训练则更加专注于提高运动员的竞技能力和比赛成绩。在这一领域中，评价的内容更加具体和专业，侧重运动员的技术动作、战术理解、比赛策略，以及心理素质等方面。评价的目的是帮助运动员在竞技场上取得更好的表现，实现成绩的突破。因此，运动训练中的评价与反馈更加注重细节和技术层面，强调的是运动员的竞技状态和比赛表现。

尽管体育教育和运动训练在评价与反馈的侧重点上存在差异，但它们在根本上都致力于通过评价来识别问题，并通过反馈来提供解决方案。无论是在体育教育还是运动训练中，评价与反馈都是提高运动表现、促进个体发展的重要工具。

体育教育和运动训练在评价与反馈的实施过程中，都需要教练员和教师具备深厚的专业知识、敏锐的观察力和良好的沟通技巧。他们需要根据学生的运动水平和运动员的竞技状态，灵活地调整评价与反馈的方式和内容，以确保其有效性和针对性。

（二）形式

在体育教育和运动训练的实践中，评价的形式因其目的和环境的不同而有所区别，反映各自独特的教学和训练需求。

体育教育作为一种普及性的教育形式，其评价方式通常较为多样化，旨在通过不同的途径全面评估学生的学习成果。在体育课上，学生的课堂表现是一个重要的评价指标，这包括他们的参与度、遵守规则的程度，以及对技能的掌握情况；小组讨论可以评估学生的沟通能力、团队合作精神，以及他们对运动概念的理解和应用；理论考试可以检测学生对运动知识、生理学基础和体育规则的理解；实践测试更直接地反映学生对运动技能的掌握程度，如跑步速度、跳远距离或球类运动中的特定技能。

与体育教育相比，运动训练的评价形式更倾向于模拟实际比赛的情境，以提高运动员的实战能力。实战演练和模拟比赛是运动训练中常用的评价方法，它们可以帮助运动员在没有真正比赛压力的情况下，练习技术动作、战术配合和心理素质。这种形式的评价有助于运动员在安全的环境中尝试新的策略，教练员也能够更准确地评估运动员的表现，并提供针对性的反馈。技术分析则利用视频回放、运动生物力学和统计数据等工具，详细分析运动员的动作细节和技术特点，从而发现其潜在的改进空间。

两种评价形式的选择均基于对学习或训练效果的深入理解。体育教育的评价形式更注重学生的整体发展和运动知识的学习，运动训练的评价形式则更专注于提升运动员的竞技能力和比赛表现。尽管侧重点不同，但两者都强调评价的全面性和反馈的及时性，以促进运动员和学生的技能提升和个人成长。

在实施评价时，教练员和教师需要根据学生的水平、运动员的专项需求，以及教学或训练的目标，灵活选择和调整评价的形式。同时，他们需要具备解读评价结果的能力，以便提供有效的反馈，帮助运动员和学生认识到自身的优势和需要改进的地方。

（三）反馈的紧迫性

在体育教育和运动训练中，反馈的紧迫性反映了两种环境对时间敏感性的不同要求。

在体育教育的情境下，反馈的提供往往与学生长期的发展和进步紧密相关。在这种环境中，教师的目标是培养学生对体育活动的持续兴趣，以及建立健康的生活方式和运动习惯。因此，反馈不必急于一时，而是可以更加细致和深思熟虑，以确保学生能够充分吸收和理解。长期目标的实现需要学生在理解、技能掌握和自我提升方面有一个渐进的过程。教师可以利用课后时间或者下一次课程来提供反馈，让学生有时间去消化和反思，从而促进其长期的学习和成长。

相比之下，在运动训练中，反馈的及时性显得尤为重要。运动员的训练和比赛准备通常围绕即将到来的比赛进行，因此，任何技术上的调整或战术上的改进都需要迅速实施。在这种情况下，教练员必须在训练过程中或模拟比赛后立即提供反馈，以便运动员能够立即做出反应，调整自己的策略和动作。这种及时反馈有助于运动员快速识别问题并加以解决，从而提高训练的效率和比赛的表现。

尽管体育教育和运动训练在反馈的紧迫性上有所不同，但两者都强调反馈在促进学习和发展中的作用。在体育教育中，反馈是一个细致的、有助于学生深入理解的过程；而在运动训练中，反馈是一个迅速的、旨在及时改进的过程。无论哪一种情况，教练员和教师都需要具备良好的观察力和沟通技巧，以便能够提供精准和有效的反馈。

反馈的提供还应考虑运动员和学生的心理状态和接受能力。在体育教育中，教师可能需要更多地使用鼓励和积极的语言，以激发学生的积极性和自信心；在运动训练中，教练员则需要在提供技术指导的同时，关注运动员的心理反应，确保他们能够以积极的态度接受反馈，并将其转化为实际的改进行动。

（四）评价标准

在体育教育和运动训练的评价体系中，评价标准的设计和应用体现了两种环境在目标和重点上的差异。

体育教育的评价标准倾向于多样化，旨在全面考量学生在不同维度上的表现和发展。这些标准不仅包括学生在体育运动中的技能掌握程度，还涉及他们的身体健康状况、学习态度、课堂参与度，以及团队合作精神等。这种全面性的评价体系有助于促进学生在体育活动中的全面发展，鼓励他们积极参与并享受运动带来的乐趣。同时，这种评价方式考虑了学生的个体差异，允许他们在不同的体育项目中探索和发现自己的兴趣和潜力。体育教育的评价标准通常更加宽松和包容，目的是激发学生的运动热情，培养他们终身参与体育活动的意愿。

与体育教育相比，运动训练的评价标准则更为具体和严格，主要集中于运动成绩和技术水平的提升。这些标准直接关系到运动员在比赛中的表现，包括技术动作的精确性、战术执行的有效性、比赛成绩的优劣等。在运动训练中，评价的目的是提高运动员的竞技能力，帮助他们在高水平的比赛中取得优异的成绩。因此，评价标准通常非常明确，运动员和教练员都能清楚地知道需要实现的具体目标。这种严格的评价体系有助于确保训练的针对性和高效性，使运动员能够专注于提升自己在特定项目上的竞技水平。

尽管体育教育和运动训练在评价标准上有所不同，但它们都强调评价在促进个体发展中的重要性。体育教育的评价标准更注重学生的全面成长和兴趣培养，而运动训练的评价标准更注重竞技能力的提高和比赛成绩的优化。在实施评价时，教师和教练员需要根据教育或训练的具体目标，合理设计和应用评价标准，以确保评价的有效性和公正性。同时，他们需要考虑学生的个体差异和运动员的个人特点，使评价既能激励个体的自我提升，又符合整体的教育或训练目标。通过科学、合理的评价体系，可以更好地促进学生的体育学习，提高运动员的竞技表现，推动体育教育和运动训练的发展。

（五）心理因素

在体育教育和运动训练的实践中，评价与反馈的心理因素扮演着至关重要的角色，尽管它们关注的焦点存在差异。

体育教育的评价与反馈更注重激发学生的兴趣和积极性。在这种环境中，教师的目标是培养学生对体育活动的热爱，帮助他们认识参与体育活动的价值，并在其中找到乐趣。因此，评价与反馈应当鼓励学生尝试不同的体育活动，赞赏他们的努力和进步，即使技能水平尚显初级。帮助学生建立自信也是体育教育中评价与反馈的关键部分。通过积极的反馈，教师可以帮助学生增强自我价值感，鼓励他们面对挑战，从而在体育活动中建立起积极的自我形象。

相对而言，运动训练的评价与反馈则更加集中于运动员的心理状态，尤其是那些与竞技表现直接相关的方面。教练员需要密切关注运动员的压力管理能力，帮助他们学会在高压的竞技环境中保持冷静和专注。比赛心态的培养也是运动训练中评价与反馈的重要组成部分，教练员通过反馈帮助运动员建立正确的胜负观，学会从成功中获得动力，从失败中吸取教训。动机激发同样是运动训练中评价与反馈的关键点，教练员通过设定目标、提供正面激励等方式，激发运动员的内在动力，促使他们持续提升自己的竞技水平。

尽管体育教育和运动训练在评价与反馈的心理因素上各有侧重，但两者都认识到了心理状态对运动表现的重要影响。在体育教育中，评价与反馈旨在营造一个支持性和鼓励性的环境，让学生在享受运动的同时，能够培养出积极的心态和自信心。在运动训练中，评价与反馈更加专业化，旨在帮助运动员建立起适合竞技体育的心理特质，包括出色的压力管理能力、坚韧不拔的意志等。

为了实现这些目标，教师和教练员需要具备深厚的心理学知识，以及出色的沟通和人际交往能力。他们应当能够识别和理解学生和运动员的心理需求，通过个性化的评价与反馈，帮助他们在心理层面得到成长和发展。

第二节　体育教育和运动训练中最佳实践的借鉴与交流

体育教育和运动训练是体育领域的重要组成部分，它们在促进学生身心健康、培养运动技能和团队合作精神等方面发挥着重要作用。在全球化的背景下，不同国家和地区在体育教育和运动训练方面积累了丰富的经验与做法，值得相互借鉴和交流。

一、体育教育与运动训练的最佳实践

（一）全面性原则

在体育教育与运动训练中，全面性原则强调体育教育不仅是对学生身体能力的培养，更应包括心理、情感及社会适应能力的发展。通过全面性的体育教育，学生能够在多方面得到均衡的发展，从而形成健全的人格和良好的社会适应能力。

身体发展是体育教育的基础。通过各种体育运动，学生可以提高身体素质，增强体力，培养运动技能。体育活动还能帮助学生建立健康的生活方式，预防疾病，提高生活质量。然而，身体发展并不是体育教育的全部，心理发展同样重要。体育活动可以作为释放压力、调节情绪的有效手段。在团队运动中，学生可以学习如何面对竞争和失败，培养坚韧不拔的意志和积极向上的心态。

社会适应能力是全面性原则的另一个关键组成部分。体育教育提供了一个模拟社会环境的平台，学生在这里可以学习如何与他人沟通、合作，解决冲突，以及如何在团队中发挥作用。这些技能对于学生未来的社会生活和职业发展都是至关重要的。

为了实现全面性，体育教育应该采取多样化的教学方法，这包括传统的体育课程、课外体育活动、社区体育项目等。教师应该根据学生的兴趣和能力，提供个性化的指导和支持。同时，学校和社会应该提供足够的资源和设施，以满足不同学生的需求。

全面性原则要求体育教育与学生的其他学科学习相结合。体育教育不应该被视为独立于学术教育之外的领域，而应该被视为促进学生全面发展的重要组成部分。例如，体育课程可以与科学、数学、艺术等学科相结合，通过跨学科的项目和活动，提高学生的综合素养。

全面性的实现需要家庭、学校和社会的共同努力。家长应该鼓励孩子参与体育活动，支持他们接受体育教育。学校应该提供高质量的体育教育，培养学生的体育兴趣和终身运动的习惯。社会也应该提供更多的体育资源和机会，让每个人都能够享受到体育带来的好处。

（二）科学化训练

科学化训练在体育教育和运动训练中扮演着至关重要的角色。它通过运用运动生理学、心理学等现代科学技术，为运动员和学生提供个性化、高效的训练方案，从而提升训练的科学性和有效性。

运动生理学为训练提供了生物学基础。通过了解肌肉如何工作、能量如何产生和消耗，以及身体如何适应运动负荷，教练员可以设计出更加合理的训练计划。例如，通过监测心率和血乳酸水平，教练员可以评估运动员的运动强度和恢复状态，从而调整训练强度和恢复策略。

心理学在科学化训练中同样发挥着重要作用。运动员的心理状态直接影响其运动表现。通过心理学干预（如认知行为疗法、正念训练等），可以帮助运动员提高专注力、减少焦虑、增强自信心。团队凝聚力和领导力的培养是心理学在体育训练中的重要应用。

除了运动生理学和心理学，营养学也是科学化训练的重要组成部分。合理的饮食可以为运动员提供必要的能量和营养，帮助他们恢复体力、提高运动表现。营养师可以根据运动员的身体状况、训练计划和比赛需求，制订个性化的饮食计划。

现代信息技术（如可穿戴设备、运动捕捉系统等），为科学化训练提供了强大的支持。这些技术可以实时监测运动员的运动表现、生理状态和环境因素，为教练员提供大量的数据支持。通过数据分析，教练员可以更加精确地评估运动员的训练效果，及时调整训练计划。

科学化训练强调运动康复的重要性。运动损伤是运动员职业生涯中不可避免的问题。科学的康复训练可以帮助运动员尽快恢复身体功能，减少运动损伤对其职业生涯的影响。运动康复不仅包括物理治疗，还包括心理康复和社会适应性训练。

（三）团队合作精神

团队合作精神是体育教育中不可或缺的一部分，它通过团队运动项目为学生提供了一个学习和实践合作的机会。在团队运动中，学生不仅学会了如何与他人协同工作，还培养了集体荣誉感和责任感，这些技能对于他们未来的社会生活和职业发展至关重要。

团队运动项目（如打篮球、踢足球、打排球等）要求参与者必须学会沟通、协调和相互支持。在这些活动中，每名成员都有自己的角色和责任，而团队的成功依赖于每名成员的共同努力。通过参与团队运动，学生学会了如何倾听他人的意见，尊重不同的观点，并在必要时做出妥协。

团队合作能增强学生的社交技能。在团队中，学生与不同背景和性格的人一起工作，这有助于他们建立广泛的人际关系，提高社交适应能力。团队运动是培养学生领导力的有效途径。在团队中，自然会出现领导者，他们需要具备组织、激励和指导队员的能力。通过这样的实践，学生可以学习如何成为有效的领导者。

团队合作能帮助学生建立自信心和自我效能感。在团队中，每名成员的贡献都是被认可和重视的。当团队取得成功时，学生会感到自己是团队不可或缺的一部分，这种感觉可以极大地增强他们的自信心。同时，通过克服困难和挑战，学生可以提高解决问题的能力，增强自我效能感。

然而，团队合作精神的培养并非易事。它需要教练员和教师的引导和教育。教练员应该创造一个积极的团队氛围，鼓励学生相互支持和尊重。同时，他们应该教授团队合作的技巧，如有效沟通、冲突解决和决策制定。教师和家长也应该支持团队合作的培养，鼓励学生参与团队运动，并为他们提供必要的资源和支持。

团队合作的培养需要一个安全和包容的环境。学校和社会应该提供足够的设施和资源，让所有学生都能参与团队运动。同时，他们应该采取措施，防止歧视和欺凌，确保每名学生都能在团队中感到舒适和受尊重。

（四）文化融合

体育教育与文化融合是现代教育体系中一个重要且富有挑战性的议题。将体育教育与本国文化相结合，不仅能够培养学生的文化自信，还能拓宽他们的国际视野，使他们成为具有全球竞争力的公民。

体育教育是传承和弘扬民族文化的重要途径。每个国家和民族都有自己独特的体育传统和项目，如中国的武术、巴西的足球、印度的瑜伽等。通过学习和练习这些传统体育项目，学生可以更深入地了解本国的历史、文化和社会价值观。这种文化自信的培养，对于学生形成积极的自我认同和民族自豪感至关重要。

体育教育是促进文化交流和理解的平台。在全球化的背景下，体育已经成为连接不同文化和民族的桥梁。通过参与国际体育赛事和交流活动，学生可以接触到不同的文化和生活方式，增进对其他国家和地区的了解和尊重。这种跨文化的体验，有助于培养学生的国际视野和全球公民意识。

体育教育可以作为创新和融合的平台。在尊重和保留传统文化的基础上，体育教育可以引入现代元素和国际标准，推动传统体育项目的现代化和国际化。例如，传统武术可以与现代竞技体育相结合，形成新的竞技项目和表演形式。这种创新和融合不仅能够提升传统体育项目的吸引力和影响力，还能促进文化的多样性和包容性。

然而，体育教育与文化融合的实践需要克服文化保守和排外的倾向，鼓励开放和包容的文化态度；需要平衡传统与现代、本土与国际之间的关系，避免文化的同质化和西化；还需要提高体育教育的质量和水平，为学生提供高质量的体育教学和训练。

为了实现体育教育与文化融合的目标，需要政府、学校和家庭的共同努力。政府制定相应的政策和措施，支持体育教育的发展和文化融合的实践。学校开发和实施具有文化特色的体育课程和活动，提高学生的文化素养和体育技能。家庭参与到体育教育和文化传承的工作中，为学生提供丰富的体育资源和文化体验。

（五）安全第一

在体育教育和运动训练的实践中，安全始终是最重要的考虑因素。确保学生的安全不仅涉及预防运动伤害，还包括创建一个安全、健康的学习和训练环境。

教育工作者和教练员必须对运动安全有充分的认识，并将其作为教学和训练的核心内容。这包括了解不同运动项目中潜在的风险，以及如何通过适当的预防措施来降低这些风险。例如，在篮球训练中，教练员应该教授正确的落地技巧，以减少膝盖和脚踝受伤的可能性。

学校和训练机构应该制定明确的安全规则和程序。这些规则应涵盖装备的使用、场地的安全检查、紧急情况的应对等方面。所有参与体育活动的师生都应熟悉这些规则，并在活动中严格遵守。

适当的装备和设施对于保障学生的安全至关重要。学校和训练机构应确保所有运动装备都符合安全标准，并定期进行维护和检查。运动场地也应保持良好状态，避免存在可能造成伤害的隐患。

体育教育和训练中应包括急救培训和应急响应计划。学生和教练员都应接受基本的急救培训，以便在发生意外时能够迅速采取行动。同时，应制订详细的应急响应计划，确保在紧急情况下能够及时有效地处理。

预防措施是确保安全的重要组成部分。教练员应设计合理的训练计划，避免过度训练和疲劳，这两者都可能增加受伤的风险。适当的热身和拉伸活动可以提高身体的灵活性和准备状态，减少运动中的受伤概率。

家长的角色也不容忽视。家长应与学校和教练员保持沟通，了解体育活动的安全措施，并在家中继续强调安全的重要性。家长的支持和参与对于建立一套全面的学生安全体系至关重要。

二、国际交流与合作

（一）经验分享

国际交流与合作是推动体育教育发展的重要途径，特别是在经验分享方面，它为不同国家和地区提供了展示和学习的平台。通过国际会议、研讨会等形式，体育教育工作者能够相互学习，共同提高体育教育的质量和效果。

国际会议和研讨会为体育教育工作者提供了交流思想和经验的机会。在这些活动中，来自世界各地的专家和实践者可以分享他们的研究成果、教学方法和训练技巧。这些交流可以促进新思想的产生，帮助参与者更新观念，提高专业水平。

国际交流可以促进体育教育的创新。通过了解其他国家的体育教育模式和实践，教育工作者可以获得新的启发，将有益的做法应用到自己的工作中。例如，一些国家可能在特殊教育、青少年体育发展或运动员职业转型等方面有成功的经验，这些经验可以为其他国家提供借鉴。

国际交流还有助于建立全球体育教育网络。通过这个网络，教育工作者可以保持长期的联系，共同开展研究项目，分享教学资源，甚至进行教师和学生的交换。这种合作可以加深对不同文化和教育体系的理解，促进体育教育的多元化和包容性。

（二）人才交流

在体育教育和运动训练领域中，人才交流不仅促进了教学和训练方法的创新，还有助于提升体育教师和教练员的专业水平。通过国际交流，体育教育工作者能够直接接触和学习全球范围内的先进理念和技术。

国际交流使体育教师和教练员能够亲身体验不同国家的教育环境和体育文化。这种第一手的体验对于理解不同教育体系的运作方式、教学风格和训练哲学是非常宝贵的。通过参与国外的体育课程和训练活动，他们可以直观地观察到教学和训练过程中的细微差别，从而获得新的教学灵感和训练策略。

国际交流为体育教师和教练员提供了与全球同行建立联系的机会。这些联系不仅可以促进知识和经验的共享，还可以建立起长期的合作关系。例如，通过国际交流，教练员可以与国外的同行共同开展研究项目，或者参与到国际体育组织的工作之中，这有助于他们获得更广阔的视野和更深层次的专业发展。

国际交流还有助于提升体育教育的质量和效果。通过学习国外的先进教学和训练方法，体育教师和教练员可以将其应用到自己的工作中，从而提高教学和训练的效率和成果。这种知识和技能的更新对于应对快速变化的体育教育环境和满足学生日益增长的需求是至关重要的。

（三）资源共享

资源共享在体育教育和运动训练领域中能够促进全球体育教育的均衡发展，提高教育质量，并加速创新。通过建立国际体育教育资源库，不同国家和地区可以更加便捷地访问和利用教学资料、训练方法和研究成果。

资源共享可以打破地理和语言的障碍，使优质教育资源得以在全球范围内传播。这对于那些体育教育和训练资源相对匮乏的国家和地区尤为重要。通过在线资源库，教师和教练员可以获取到先进的教学视频、训练计划、课程设计及最新的科研论文，从而提升他们的教学和训练水平。

资源共享还有助于促进国际的学术交流和合作。通过共享研究成果，研究人员可以相互了解不同国家和地区在体育教育领域的最新进展，从而激发新的研究思路和合作机会。共享资源库还可以作为国际合作项目的起点，促进不同国家和地区的体育教育工作者共同开展研究和开发工作。

建立国际体育教育资源库还能够为学生提供更多样化的学习机会。学生可以通过资源库接触到不同文化背景下的体育教育内容，这不仅能够拓宽他们的视野，而且能够增强他们的跨文化交流能力。同时，资源库中的互动式学习工具和在线课程也能够提高学生的学习兴趣和参与度。

（四）合作项目

国际合作项目在体育教育领域中不仅促进了知识的交流和技能的传递，还加强了不同国家和地区之间的联系，共同推动了体育教育的进步。

通过国际合作项目，可以开展联合研究，解决体育教育和运动训练中的关键问题。这些研究项目可以涉及运动科学、运动医学、运动心理学等多个领域，通过跨国界的研究团队合作，能够集合不同领域的专家智慧，共同探索和解决体育教育中的复杂问题。例如，研究不同训练方法对提高运动员表现的影响，或者研究如何通过体育活动促进青少年的身心健康。

国际合作项目可以包括运动员培训和教练员教育。通过这些项目，运动员和教练员可以接触到国际上最先进的训练方法和技术，提升自己的竞技水平和教学能力。国际培训项目还能够帮助他们建立国际视野，学习如何在国际舞台上竞争和合作。

国际合作项目可以促进体育教育的标准化和国际化。通过共同制定体育教育的标准和认证体系，可以提高体育教育的质量和认可度，使体育教育成果在全球范围内得到认可。这不仅有助于提升各国体育教育的国际竞争力，而且有助于培养具有国际竞争力的体育人才。

参考文献

[1] 赵俊.高校体育教学评价指标的建立及质量提升效果 [C] // 北京国际交流协会.2024年第一届教育创新与经验交流研讨会论文集.重庆科创职业学院,2024:53-56.

[2] 张震.基于学生自主学习的职业体育教学评价模式创新研究 [C] // 延安市教育学会.第五届创新教育与发展学术会议论文集(三).济南职业学院公共教学部,2023:386-394.

[3] 石智杰.基于体育教学能力提升的运动技能课程教学目标及评价的研究 [J].体育世界,2023(9):71-73.

[4] 郭翰玉.体育教育专业学生学习力评价指标构建研究 [D].天津:天津体育学院,2023.

[5] 唐生华.定向运动训练在体育教学中的应用 [J].当代体育科技,2022,12(23):95-97.

[6] 吴明放.终身体育理念下高校体育教育改革创新探究 [J].湖北开放职业学院学报,2022,35(12):16-17.

[7] 蒋远松.运动训练专业考核评价方法的革新研究 [J].冰雪体育创新研究,2022(5):158-160.

[8] 杨颖.运动员运动训练的生理生化监控探讨 [J].冰雪体育创新研究,2022(2):149-151.

[9] 郑志彬.大数据应用背景下高校体育教学评价体系构建探讨 [J].当代体育科技,2021,11(28):104-106.

[10] 张秋磊,张宝玲.学校体育课程改革与思考 [J].田径,2021(10):77-79.